2023

法政大学建築学科

卒業制作有志展

HOSEI

University

Graduation

Works

Exhibitions

は　じ　め　に

　「2023 法政大学建築学科 卒業制作有志展」は、学内の公開審査会の後に、学生による企画運営のもと開催されました。法政大学では全学生が卒業論文と卒業制作の両方に取り組みます。1年間考え、手を動かしてきた作品を皆が発表し、より多くの方に見ていただく機会を設けたいという願いから始まった有志展も今回で6回目を迎えました。

　今年度はゲスト審査員として、板坂留五氏、津川恵理氏、手塚貴晴氏、南後由和氏、藤原徹平氏（五十音順）、以上5名にご多忙の中お越しいただきました。

　卒業制作展（有志展）は33名の学生によって行われました。今年は例年会場としていたアーツ千代田の運営会社の契約終了を受け会場変更を余儀なくされ、新たにすみだパークギャラリーささやを会場とし、出展者人数拡大による審査会運営方法の改善を加えることによって無事開催することができました。

　今年も昨年に引き続き、多くの方々に来場いただくために土日に開催する運びとなりました。新たな会場で土日開催の中でも多くの方々にご来場いただけるよう、例年よりも広報活動開始を前倒しし、ビジュアル制作やSNS広告を行ったことが功を奏し、当日の来場者数は過去最多となりました。卒業制作を通じて見えてきたものを見つめてみる。次へのステップに向けて登ることはしばらく休んでじっくり考えてみる。そんな「踊り場」という我々のテーマに即した展覧会となったのではないでしょうか。

　「踊り場」から見えた今までに成せたもの、制作で感じた葛藤や希望、建築とは何なのか、私には何が可能か。

　卒業制作という最も熱量のあり、同時に手探りであった私たちの手つきから、何が見えてどんな気づきを得られるのか。私たちの今日までの回答として見つけた作品をご覧ください。

2023 法政大学建築学科 卒業制作有志展　学生一同

特別協賛および作品集発行にあたって

　日本で最も多くの1級建築士合格者を輩出し続ける教育機関として、No.1の教育プログラムと合格システムを常に進化させ、ハイレベルなスキルと高い倫理観を持つ技術者の育成を通じ、建設業界そして社会に貢献する——、それを企業理念として、当学院は創業以来、建築関係を中心とした資格スクールを運営してきました。昨今、建設業界の技術者不足が深刻化していますが、当学院はそれを解消することを使命と考え、建築に関わる人々の育成に日々努めています。その一環として、建築の世界を志す学生の方々が志望の進路に突き進むことができるよう、さまざまな支援を全国で行っています。卒業設計展への協賛やその作品集の発行、建設業界研究セミナーなどは代表的な例です。

　本年も、「法政大学建築学科 卒業制作有志展」に協賛し、本設計展をまとめた作品集を発行いたしました。本書では、出展者の皆様が4年間の学生生活で学び、取り組まれてきた成果である卒業制作を紹介し、各作品に対する審査員からのコメントも掲載しています。また、最優秀賞を決める講評会の議論も収録し、資料としても非常に有益な、読み応えのある作品集です。

　本書が後輩の皆さんや社会に広く発信され、読み継がれることを願っています。そして「法政大学建築学科 卒業制作有志展」に参加された皆様、また本書を読まれた方々が、将来、国内だけに留まらず世界に羽ばたき、各国の家づくり、都市づくりに貢献されることを期待しています。

　　　　　総合資格　代表取締役　　岸 和子

2023法政大学建築学科卒業制作有志展　開催概要

出展者数	33名
日程	2023年3月4日（土）〜2023年3月5日（日）
会場	すみだパークギャラリーささや
審査員	手塚 貴晴（東京都市大学 教授／手塚建築研究所）
	藤原 徹平
	（横浜国立大学 准教授／フジワラテッペイアーキテクツラボ）
	南後 由和（明治大学 准教授）
	津川 恵理（ALTEMY）
	板坂 留五（RUI Architects）
主催	2023 法政大学建築学科卒業制作有志展 学生一同
特別協賛	㈱総合資格　総合資格学院
協賛	シューコー・ジャパン㈱／㈱レモン画翠／㈱辰／法匠会

受賞作品一覧

▶最優秀賞
大岩 樹生／都市の再生速度 現代的鑑賞から考える東京駅の劇場

▶優秀賞
森本 爽平／誰が為の熱櫓
　　　　　　ふるまいと建材の集積による
　　　　　　日常の延長としての小さなインフラ群

▶手塚貴晴賞
小瀬木 駿／神居、堰里に灯る −産業遺産が繋ぐアイヌ文化伝承の風景−

▶藤原徹平賞
斎藤 詩織／繋−はたじるし− 狭山における茶業と町の結節点

▶南後由和賞
澤崎 梨恵／無関心の共有 商業的棲み分けに対する再考

▶津川恵理賞
星田 真之介／半解反響 −新築によって導く風景の継承方法−

▶板坂留五賞
飯尾 龍也／鎮ム都市 −東京水界再生による新都市計画の提案−

CONTENTS

講 評 会

3月4日の講評会ではまず、
場内の各作品を回る審査員に対し出展者がプレゼンし、
質疑応答する巡回審査を実施した。
そこでの評価を踏まえて、
各審査員が◎（3点）、○（2点）、△（1点）の票を投じ、
議論の俎上に載せる作品を選定。
いよいよ、審査員たちが議論して
最優秀賞と各賞を決める最終審査を迎える。

投票結果上位12名（◎：3点、○：2点、△：1点）

	手塚	藤原	南後	津川	板坂	合計
森本 爽平	○		○	◎	○	10
大岩 樹生	◎		◎	△		7
立川 凪穂	△	○		△		4
江連 謙斗	△		○			3
小瀬木 駿	◎					3
斎藤 詩織		◎				3
澤崎 梨恵			△	○		3
小出 理紗子		△		○		3
樋口 詩織		◎				3
藤野 晟伍					◎	3
星田 真之介				◎		3
宮澤 諒			◎			3

Critique

手塚 貴晴
東京都市大学 教授
手塚建築研究所

藤原 徹平
横浜国立大学 准教授
フジワラテッペイ
アーキテクツラボ

南後 由和
明治大学 准教授

津川 恵理
ALTEMY

板坂 留五
RUI Architects

審査の論点は何か

藤原 最優秀賞を決める議論に当たって、論点が必要ですので、どのような点を重視して審査したかを各先生に伺いたいと思います。

板坂 共通した審査軸はないのですが、7作品を選ぶのに対して重視したことは2つのパターンしかありませんでした。一つは、話が理解できるということよりも、話をしながら私が想像できるものがあったかどうかを重視しました。もう一つは、問題意識に共感できたもの、もしくは設計物に説明はないけれど良い設計だと感じるものであることを重視しました。

藤原 背景や設計の全体像というよりは、テーマに共感を覚えたかどうかということですね。一番わかりやすい例はどの作品ですか?

板坂 森本君の提案は、背景よりもつくったものの形に良さを感じました。飯尾君の提案はやろうとしていることには共感できますが、やりきれていない点から一つ丸にしています。建築のつくり方に疑問があって、それに対して土木のスケールを使おうとするチャレンジは面白いけれど、できたものが建築のスケールに収まってしまっているのが惜しいです。

津川 全般的に感じたのは、「建築の正しさ」について説得されているように受け取れたことです。どのプレゼンも「私がやっていることは社会的に正しい」と聞こえたのですが、

それは悪いことではなく、一つの特徴だと思います。ほとんどの作品が論文をベースに設計しているので、提案の背景のロジックや社会的にどういう文脈なのか、何に着目して設計しているかを言語レベルでは十分に説明してくれていますが、建築の具体的な操作で説明して欲しかったです。たとえば、ボリュームをつくってプログラムを入れればまちに開くのかと言えば、それはむしろ不動産のやり方だと思います。設計図に責任を持って一つひとつ素材を選び、一本の線を引くことに覚悟が持っていて共感できる人、要するにもので語れている作品に票を入れました。

表参道の商業施設を提案した澤崎さんは、共有したいわけではなく、無関心であり続けることは都市空間において価値を生みにくいため、それを建築空間においていかに共有するか、建築で応答しようとしているところが印象に残っています。森本君の素材の転用の切り口は、昨今のネットワークを用いた手法で現代的だと思いつつ、それだけではなく、新築で新しく補助の構造材を入れるなど、建築形態と温泉地が生み出す新しいプラスアルファの社会性をプログラムだけでなく、空間で応答しようとしているところに共感しました。

藤原 櫓みたいなものを昨今の卒業設計でよく見かけませんか? 塔が大事なのはわかるけれど何の根拠もなくつくるのは難しいので、温泉といったところであれば物見櫓はやりやすく、卒業設計で多く見られます。塔をやりたいのであれば、もう少しきちんと塔について考えた方がいいと思

う。短絡的に塔をつくることに疑問を感じます。

津川 その点で言えば、卒業設計はある程度プロトタイプがあるので、どの提案も何かに類似していると感じます。

藤原 津川先生としては「正しさ」でないとすると、言い換えると何でしょうか？

津川 「正しさ」でもいいのですが、建築に対して批評性と形が欲しいと感じました。「本当にそれでいいのか」という部分は大事にして欲しいです。

南後 たとえばアクターネットワーク理論のようなエネルギーの循環や廃材、医療福祉やケアといったテーマがある一方で、なぜ櫓をテーマとした提案が多いのか不思議でした。そのほか積層や斜めに振った屋根など、卒業設計の傾向をいくつかのカテゴリーに分類できると思いました。

二重丸を付けたのは大岩さんの提案です。有志展も展覧会である以上、自分が考えたことをどのように伝達するかの工夫が重要です。大岩さんは独自のアニメーションをつくって、「都市に複数の速度が流れている」ことを表現していて、いろいろと触発されました。鉄道業界はコロナ禍で大打撃を受けましたが、それほど大掛かりな建築的操作をせずとも、アーチを用いることなどによって、歩きながらの見え隠れをダイアグラムやパースを用いて丹念に表現していて、電車や駅という都市の日常風景のあり方を再考するきっかけを与えてくれるものだと思いました。

もう一つ二重丸を付けたのは宮澤さんの提案です。テーブルをテーマとしてハンナ・アーレントの議論を参照しながら、人と人の間に位置するもの、たとえばコロナ禍におけるパーテーションをめぐる現象や、パーソナルスペースのあり方などを再定義する可能性も感じさせる提案でした。テーブルには、人と人との距離を接合する一方で、分離する作用がある点に着目したところも興味深かったです。自身も郊外で生活してきた中で、単に外側から街並みの形態的なボキャブラリーを観察、収集するのではなく、内側に入り込んだ「小話」から出来事や振る舞いを抽出し、それらにスケールを与えていく手つきは、スケールを用いた建築的思考の発展可能性を感じさせるものでした。均質的で「どこでも同じような街並み」という紋切り型のように郊外を捉えるのではなくて、すでに郊外に根付いている出来事や振る舞いに対して、スケールという建築的思考を巧みに用いて応答しているところを評価して票を入れました。

藤原 法政大学の教員の構成が私の所属する横浜国立大学に似ているので、テーマにしている社会背景などに共感できるものが多いと感じました。その時の問題点として、活動から建築をつくるということは、津川先生がおっしゃっていたように不動産屋になってしまっていないか、建築学科でなく企画学科ではないのかという議論が横国でもあります。一方で社会からすると、建築でなく企画で済むのであ

建築に対して批評性と形が欲しい

津川

ればその方が助かるという側面もあります。学生としては企画も建築の一部にして、「出来事」もアーキテクチャーの一部ではないかと考えるべきです。建築学において建築にしなければいけないものは何かと考えた時、建築の登場の仕方が大事だと思いました。建築が上手い具合に登場するプロジェクトとはどのようなものなのか。そういう意味では、私は他の先生より解像度を高めに見ている気がします。

森本君の作品は、私が指導している大学院生が熱川をとてもよくリサーチしていて、私もとても詳しく知っている場所なので厳しく見てしまいました。そのため櫓に疑問を感じています。ただ力作であることは間違いなく、まちにあるいろいろな事物を用いて建築にしていけるかがこれからキーになるので、敷地に建ったのが建築物だけではなく、川や道や土木構築物など、いろいろなものも建築の一部に取り込んでいければ上手く大建築に持っていけたと思います。そういった意味では、形になってはいないけれど面白いアプローチは多く見られました。たとえば飯尾君の「豊島園のプールを遺跡とみなして、そこにどう介入するか」というのはテーマとしてとても面白いけれど、大建築のつくり方として遺跡性を消去する形で設計してしまうと、遺跡を使っている意味がなくなってしまう。バラックみたいなものでも遺跡としてのプールの遺構があれば、巨大な構造物として利用でき得ることを考えると惜しいものを感じました。どこが遺跡でどこが新築かが曖昧なのがもったいないと思います。

私がとても評価したのは斎藤さんの提案で、今日見た中で建築として一番綺麗だと感じました。近年、学生が骨組み模型をつくってしまうという問題があり、平面図にある活動を上手く見せようとして屋根を取ってしまうので、建築が綺麗なのか汚いのかよくわからなくなってしまう。しかし彼女の作品は模型が良くて、構造が綺麗で、木造と鉄骨造を混ぜて、まちに対して立面をつくって活動が奥まで見えます。鉄骨の無骨な工場ではなく、木造の閉鎖的な工場でもなく、開かれた新木造工場を丁寧に設計しているところが面白いと感じました。もう一つは太田君の提案で、ビル街を新しいシティライフの場に変えようという改造計画です。ダイアグラムを見ると、今のビル街のプログラムとは全然違うものに変わる提案だけれど、建築的空間改造というものがプログラムの転換に通じるという話です。かつそれがシティライフを変えるということを、とても普通のことのように言っているのが、ブルータスなどの雑誌に載っていそうな話で、そう変わればいいなと素直に思えました。「ビル街が変わるとシティライフが変わる」というのはどこか説得力があって、なかなか面白いです。こういうことに皆が着目するようになると大作にはならなくても、普通に面白い建築提案ができると感じました。

津川 11個のビルが部分的につながっていくという提案だ

とは思うのですが、つながって何になるのか、私には少し
わからなかったです。床面積が大きくなる時に、「今まで
2者が借りていたところの区分はどうなるのか」と聞くと、
「シェアのように変わる」と答えていましたが、それはもはや
建築の壁という存在を疑っているように聞こえます。

藤原 これはつまりビルを掘っていって路地ができて、奥
が接道していくので、接道する面は価値が高いから機能が
変わっていく。簡単に言うと街区を立体街区に引き込むと
いうことですが、接道条件を変えていく戦略は面白い。普
通にビルが建って詰まっていると手前しか接道しませんが、
掘っていくと奥が接道していき、元々あった奥の狭隘の路
地をどこにつなぐと面白いのかという話で鋭いと思いました。

ものをつくることと批評性

手塚 法政大学の卒業設計を講評するのは今回で5回目で
すが、変遷をたどっていくと、今年は建物をつくらなくなっ
たと感じました。富永譲先生の時はたくさんつくっていて、
その頃と比べると特にそう思います。もし君たちが料理人
として審査されるとすると、君たちは「この料理は博多湾の
鰤を使って、地元の素材を取ってきて、かつゴミが出ない」
ということをひたすら話して終わっています。本来は「こう
いうダシの取り方をして、豆を出して、こういう透き通るスー
プの中に柔らかい鰤が入っています」という説明をしないと
いけない。正しいことをただ説明して終わってしまってい
て、モラルの話ばかりしているけれど、こちらからすると学
生が言うモラルの話はインチキに感じます。児童養護施設
を実際につくっている立場からすると、「そんな甘いもので
はない」と感じるのです。建築家はそういった正しいことを
知った上で、つくったもので勝負しなければいけない。知っ
た上で組み上げることが建築家の仕事です。

その中でもおとなしくない提案がいいと思っていて、大
岩君の作品に関しては、劇場だの何だのと言っていますが、
一見してアーチも邪魔だし、こんな場所で踊るわけがない
ので劇場ではないと思います。しかし、シーンパースを見
てみると既存の東京駅とホームの間はやはり良くないと感
じ、もう一度東京駅に行ってみようと思いました。この提
案は誰かが踊ったりしなくても、この建築が建てば人が集
まります。無理して再生速度といったことを文章に書かな
くてもいいのです。

小瀬木君の作品は説明をしない方がいいと思います。私
の捉え方では、アイヌの文化をダムが壊してしまったけれ
ど、いまさらこのダムを壊すことはできない。しかし実は
この根本で鮭が取れるためこれを逆手に取って、文化遺産
としてアイヌの元に戻してしまおうと言い張った方が良いと
感じました。また森本君の作品は、櫓がある両端の2つの

建築は良くないけれど、真ん中の建築は下の方に石が積ん
であり、そこにお湯を通して石が温かくなるのは岩盤浴の
ように気持ちが良さそうでした。この建築も難しいことを
言わずに面白いと感じました。

藤原 手塚先生の今の話と板坂先生の話は近いですか？ 手
塚先生の「もので勝負して欲しい」というところと共通して
聞こえます。

板坂 「もので勝負しろ」というより、最初の問題提起から一
貫して完璧にできている作品はなかったですし、完璧だと
それはそれで胡散臭さがあって、正しさに絡め取られてい
ると感じます。そういう意味では私も形で選んでいると思
います。

藤原 手塚先生はプロフェッショナリズムとしての本質を別
の角度から言っていて、つまり「きちんとした空間をつくら
なければ、どんなプログラムを入れても役に立たない」とい
うことですよね。その時に小瀬木君、森本君、大岩君をど
のように評価するかということになります。

板坂 小瀬木君は票を入れるか迷ったのですが、できてい
るものを見た時に、あのような大きな風景が、自然や集落
といった時間を抱えたものの間に建つものにしては弱く感
じました。アイヌに対しての熱い気持ちとは裏腹に、最後
に小さなものが増えていくような操作は、本当にその大き
さなのか、急にリアルなスケールになっているのではない
かと感じました。

藤原 なるほど。一方で東京駅の作品は、できたものが面
白そうだから、プレボに書かれていることを一切忘れてみ
れば評価できるかもしれません。いろいろ説明されてしま
うと評価できなく感じられて、黙っているとできているもの
は面白い。これはどうしてなのでしょうか？ 自分で考えて
いることの全部が言語になり切っていないということです
かね。動画もそれほど面白くないと感じましたが、そんな
ことないですか？

南後 これは舞台そのものをつくりたかったというよりは、
駅を行き交う人たちにおける「見る・見られる」の関係につ
いて、改編したかったということですよね。

藤原 そうだとすると、改札からここまで至る経路に言及し
てくれれば面白いと感じました。劇場性というものを一つ
の空間で捉えようとするのは、相当古いやり方ではないか
と思います。一つの空間にすると普通の劇場に負けてしま
う。一つの空間の中で起きる出来事は劇場の方が密度は高
いけれど、都市空間の中に劇場性があるのだとすると、劇
場に勝てるのは移動する時にいろいろな特別なことができ
る点であると言えます。いろいろな人とすれ違ってその全
体像を凄いと思った時に、建築という分野の経験でしか言
えない特別な体験がそこで初めて立ち上がります。

津川 私も彼はなるべく説明しない方がいいと思います。彼

建築家はつくったもので勝負しなければいけない

手塚

は移動空間に着目して、ある意味、都市を演劇と見立てようとするきっかけを設計しようとしていると思いました。私もメディア的にみれば面白いと感じたのですが、本人はそこが社会的にどういうものなのかを自覚していません。日本の中央の都市インフラである東京駅の移動空間にそれを挿入する意味は何なのか、そこを本人がきちんと言えるのか気になりました。

藤原 手塚先生はそこについては言えなくてもいいという考えですよね？

手塚 大人になれば言えるようになりますよ。

藤原 一方で、こういうことは藝大ではもう少しハイコンテクストに議論されているけれど、出てくるものは大して力がない。ハイコンテクストになってしまうとつまらないという考え方があります。つまり細かい問題や微細な感性で解いた場合、エッセイのような小作品になってしまい、全然ポピュリズムには伝わらず、芸術祭などでやっていればいいのではないかというものになってしまいます。建築というものは本来、誰にでもわかる芸術であるから、こういうあっけらかんとした大きなものは、大作主義の人がハイコンテクストを意識した上でつくれるようにならないと建築に未来はないと思います。

津川 私もとても共感しますが、そういう人は実際にはいないと思います。

藤原 いないですよね。そうすると、ハイコンテクストの人がポピュリズムの方に寄せていくか、もしくは彼がハイコンテクストを理解した上で、フォーマットをガラッと変えてしまうかのどちらかですね。つくったものは面白いからフォーマットを変えるべきです。

手塚 やはり法政大学のためには、こういう作品を育てていった方がいいのではないですか？藝大と同じことをやろうとしない方がいいですよ。

津川 藝大でも最近はこういう提案は見ないですね。

大岩 実は僕は藝大に進学します。

藤原 藝大に行って批評性の方に寄り添っていこうとすると、ものをつくれなくなってしまうかも。できるものの批評性を先回りして考えてしまうとものがつくれなくなる。

津川 もので批評性をつくり出さないといけないですね。この作品にものの批評性がどこか感じられるからこそ評価できると思います。

藤原 でも大岩君は７点入っているので最優秀賞ですかね？

津川 板坂先生は大岩君に票を入れていませんね。

板坂 私はこの作品に何回かエスキスをしているので、あくまで中立の立場で票を入れませんでした。そうでなければ入れていましたかね。

完璧な作品は正しさに絡め取られていると感じる

板坂

議論の末に最優秀賞と各賞決定

藤原 森本君の作品は、手塚先生も言っていたように真ん中の建築は確かに僕もいいと思ったのですが、他の２つの櫓はまちに対してどうもおかしいと感じています。しかし作品としては櫓がどうしても勝ってしまっているので、最優秀賞は大岩君の作品だと思います。たとえば大岩君がある組織設計事務所に入社したとして、こういった文化的な経済活動の場がないものを都市空間につくるためには、どういうロジックが必要なのかを考えた方がいい。ヨーロッパなどであればこういうものはそもそも企画段階でいけそうな気がするけれど、東京駅の歴史性を再興するような国際コンペでこの提案が通って、日本で駅を設計する時にそんなことは要項には一つも書かれないので、とても資本主義的だと思います。渋谷駅の再開発の際に、妹島和世さんが正論を言わなければもっとひどい状態だった。妹島さんに頼らずに、大岩君の提案がこの世界で立ち上がるためには、再生速度や劇場では無理だったと思います。

手塚 組織設計事務所の批判になっていませんか？

藤原 むしろ資本主義批判ですね。僕は資本主義からは面白い建築は生まれないと思っています。手塚先生も資本主義には乗るけれど、資本主義からは設計しないですよね？資本主義的なものと建築はくっ付くけれど、本来的には人間的なものを中心に置くことがモラルとして絶対に必要だと思います。手塚先生は都市空間をつくる際にモラルでつくることはできると思いますか？

手塚 つくれると思いますよ。

藤原 たとえば手塚先生の知っている都市空間でモラルを感じるものは何かありますか？

手塚 私は建物としては全部を担当していないので良いと感じませんが、渋谷フクラスを設計する際に意識したのはストリートに開くということです。いろいろな超高層ビルを見るとほとんどが足元を閉じているけれど、どうして開けないのかというと異種用途区画が入るので、１階を開いてしまうと上まで煙突で上がってしまうため壁をつくらなければいけません。それをひっくり返すのがもの凄く大変なので、開くことによって足元の都市空間をつくる。これがまず一つのモラルです。もう一つは屋上を開くことです。屋上は風が強いと使えない、物が投げられたらどうするのかといった問題があります。そこで、物を投げられないように苦労して足元を広げるなどしました。そうすると都市空間として意味合いが生まれます。あと一つあるとすれば、どこまで人が建物の中に自由に入り込むことができるかです。たとえば東京駅では、改札から先は自由に入ることができないですよね。どこまでが駅でどこまでが駅でないのかわからない、混じり合いのある空間があることでもっと多様性の

ある都市に変わる。そういうものがモラルだと思います。

藤原 つまり彼は、ラチ内・ラチ外についても新しい提案ができていれば良かったということですか？

手塚 今はまだ彼は無意識だと思うけれど、大人になればそれに気が付くと思います。この全く同じ案を青木淳さんに持っていくと、もの凄く綺麗な説明をして終わってしまうと思います。だから彼は説明ができないと思います。

藤原 この提案でラチ内・ラチ外といったものを考えましたか？

大岩 設計の中でホテルだけがラチ外になっていて、行き来はできないけれど混じっているような空間になっています。

藤原 それではこれを公共空間化できそうですか？ たとえばファッションショーで歩いていた空間に駅の外から普通に入れて、チケットを持っていなくてもその辺りを歩き回っても問題ないですか？

大岩 説明はしていなかったのですが、一番右の方にステーションギャラリーという美術館があって、その動線とぶつかるように設計しています。

南後 辰野金吾が設計し、その後改修された歴史がありますが、それらとの連続性は設計の中でどう考えましたか？ また、ここは東京駅の中でもかなり端の方で外からも見えて、地震など何かあるたびにテレビなどで映る場所なので、メディアでのインパクトも強いと思います。その際に、東京駅を利用していない人にも晒される、パブリシティのある建築という点でも、もっといろいろな可能性があると思います。

大岩 最初はレンガでつくろうかなと考えて、結局現代的な素材である鉄板を使用しました。元々この場所はなくて、ホテルの窓から線路が平行して続いていくのが見えるところで、その「見える・見えない」をアリバイのロジックに用いた小説もあります。ホテルから線路がパーっと見える面白さを知り、また東京駅の歴史を知ってそれを復活させたいという気持ちになりました。そこが歴史を踏まえたポイントです。

藤原 なるほど、よく考えていますね。では彼が最優秀賞でよろしいでしょうか？ おめでとうございます。続いて優秀賞は森本君でいいですかね。僕は熱川にとても詳しいのですが、どうしようもない廃墟のまちなんです。あの廃墟の中にこんなに綺麗な場所ができて大丈夫なのかなと思いました。ただ、建築家としてはとても誠実に設計していて力作だと思います。あとはコンクリートの廃墟に対しても、修繕的な提案が欲しいと思いました。津川先生からは、こういった廃墟化していく昭和の街並みに対してランドスケープ的に言えることはありますか？

津川 難しいですね。

建築というものは本来、誰にでもわかる芸術

藤原

藤原 建築は設計した敷地の中で勝負すればいいから、今回の提案だと真ん中の建築みたいなものをつくってとても素敵な場所ができて、駅を降りてしばらくは廃墟が続くけれどそこだけが綺麗な場所になる。建築家としてはなくはないけれど、一方でその周りはモラル的に見るとどうなのかとなります。建築家的に見ればまちの廃墟は放っておいて、自分のプロジェクトのお施主さんのところだけを綺麗にすればいいと思ってしまいます。

津川 それで言えば今日の作品全般や昨今の他の大学の卒業設計でも、敷地の分散型がよく見られますよね。そうすると単純に建築がまちに対して接道する面が多くなるので、結果的にまちに対してやっている効果が広く、リニア状に展開できるということになります。私はこの手法に結構懐疑的で、一つの敷地でやる方が実は合理的のような気がします。複数の敷地でやるのなら、複数の事業を展開していくのかという疑問が生まれます。HAGISOの宮崎晃吉さんがやっていることも、自分が事業体として全部を運営しているわけではないですし、私はそこにとても懐疑的で、建築に対してとても消極的な態度に見えます。今までは建築は一棟丸ごと、建築家の作家性が強く出たものを空間的につくるという時代でしたが今は違います。むしろ今の建築家は社会的な、ある意味モラル的なナラティブの中で、一つの敷地で一つの解答を出すことを求められている気がします。そこでナラティブに負けて分散するとか、資本もあまり関わらない弱い操作で気軽にできてしまうものになった時、果たしてそれは本質的に社会に何かメッセージを発しているのか疑問です。社会的には逆行した考え方ですが私はそう思います。森本君の作品はやり切っていると思い、評価しています。

藤原 板坂先生はどうですか？

板坂 パッと見は道をつくっているようだけれど、設計物はそうはなっていない作品がいくつか見られました。多くの場合、道を変えている割には、道に対して建築がどのように立つのかといった説明がなかったです。道なら道をつくった方が良くて、道は模型上では表層になってしまいますがそこには厚みがあるので、前後がどう関係するのかといった考えることがいろいろあります。そういう計画があっても良かったと思います。模型だけに効いていて、それがアリバイづくりになってしまっている気がします。それらに対して、この提案は上手く道がつながっていたので気になりました。点が3点あったからといって、道が浮かび上がる設計になっていなかったので、もっと道でやればいいと思いました。

藤原 これは点の集中としては評価できるということですね。では森本君が優秀賞ということでいいですか？ おめでとうございます。続いて個人賞を手塚先生から順にお願い

します。

手塚 私は北海道が好きなので小瀬木君を選びます。おめでとうございます。

藤原 僕は斎藤さんです。おめでとうございます。

南後 迷っているのですが、澤崎さんの提案は僕が今まで書いてきた文章を建築的に翻訳しているように感じます。ただ初期の点数を考えると宮澤さんですかね。

藤原 澤崎さんの方が南後先生らしいですよ。

南後 元々個人賞に選ぼうと思っていたので澤崎さんにします。おめでとうございます。

津川 私も澤崎さんと迷ったのですが、星田君の問屋街の提案にします。景観の継承で既存を残すところと構造体だけを残すところ、あとは新築ですね。

藤原 どういうところを評価しましたか?

津川 プレゼンでマテリアルについて「ここはアルミメッシュでこうして、ここは元々のコンクリート造に木造のものが介入してアクティビティが起こる」といった、素材と構法と自分のやりたいことを形で説明したところが印象的です。断面方向にも景観を継承するという形で展開しようとしたところに感動したので票を入れました。全体的に具体的で良かったです。おめでとうございます。

板坂 とても迷っています。藤野君に二重丸の票を入れているのに一度も言及されていなくて、他にも誰か票を入れると思っていました。今日の私のテーマの形という部分の振れ幅的には飯尾君だと思ったので、個人賞は飯尾君にします。おめでとうございます。

各審査員より総評

藤原 最後に一人ずつ総評をお願いします。

手塚 建築にもっとポジティブになって欲しいと思いました。最近心配なのが、建築をつくらないことが正しいことのような顔をしていることです。日本の戦後はまだ終わっていなくて、戦前にあった美しい都市風景はもう壊されてしまっています。それを良い形でつくり直さなければいけない。その時に資本の脳でしかつくらないのであればロクなものはできません。良い建築をつくると良い社会が生まれて人が幸せになる。良い建築をつくった分だけ素晴らしい人の輪が生まれる。それを信じて欲しいと思います。君たちは素晴らしい職能を選んだと思って胸を張って生きてください。

藤原 手塚先生や津川先生がいたので普段とは違う議論ができました。卒業設計は入口でまだこれからなので、自分の研究であることを意識して頑張って欲しいと思います。先ほどの議論に出た富永先生は横浜国立大学でも非常勤で来ていただいているのですが、「建築の力が弱くなっている

ので、自分の好きな建築をもっと研究した方がいい」と言っていました。昔、富永先生が「好きな建築家を細かく研究しろ」と課題を出して、妹島さんがル・コルビュジエについて研究し、富永先生にその成果を見てもらったそうです。妹島さんに聞いたら、法政大学の1年生の授業で「空間の好きな所をスケッチしろ」と課題が出て、ドアノブを描いたんだけど、「そんな小さいところを書いてどうするんだ」と富永先生にとても怒られたという話をしてくれました。今いる先生も大事ですが、法政大学の建築教育の理念の系譜を意識すると、今日、手塚先生がおっしゃっていたことに応答できるのではないかと思います。

南後 私たち社会学者からすると建築家は社会の網の目から免れない存在だと思います。ただし、建築だからこそ束ねることができ、統合することができ、形を与えることができるものがあります。そういう建築家の可能性・固有性をこれからも育んでいって欲しいです。皆さんは今回、具体的な課題や敷地を設定してその場所にしか成立しないものを追求したのだと思いますが、その特殊性の一方で、そこ以外の敷地でも応用できる普遍性のある提案も散見されて良かったと感じました。前半に他の先生方と議論したSDGsやポリティカルコネクトネスなど、これまで建築の周辺に見られていたものに目配せしながら、建築と結び付けて設計に持っていくことはいいと思うのですが、どんどん外側に行こうとすると今まで培われてきた建築の専門性が疎かになってしまうこともあると思います。そういう専門性と学際性をどう行き来するのかを意識して欲しいし、雑多な建築の可能性を楽しみながらこれからも活動していってください。

津川 シンプルに言うと、設計者はコンビニの店員に似ていると思っています。コンビニの店員はレジだけではなくて、仕入れや商品の陳列、宅配便の対応もやらないといけなくて、見習わないといけない職能がとても多いらしいのです。私たち設計者もツールが開発されてそれを使えなければいけない、レンダリングができないといけない、模型やプレゼンボードも上手くつくれなくてはいけない。加えてさらに昨今は、社会課題やコンテクストがないと評価されず、職能としてやらなければいけないことがたくさん増えていると思います。本当に無理難題で、よくやっているなと思います。コンビニの店員は商品の精算をすることが一番の職能で、私たちにとっては建築を設計することが一番の職能です。だからやらなければいけないこと、カバーしなければいけない文脈は今後複雑化していって、一方ではAIが出てきてGrasshopperで自動設計するプラグインももう開発されています。つまりコンピューターが設計の最適解を出してくれる時代になった時に、私たちが何をするのかと考えると、そこに対して設計をする、形をつくる、何の素材

を持っていくか、どういう構法を使うか、そういったことがどの職種にも侵されない私たちのプロフェッショナル性だと思うのです。そこにプライドを持ってやり続ける人がもっと増えて欲しいと思いました。いろいろな時代に振り回されることなく、私たちの職能でやるべきことに集約するよう物事を考えていかなければいけません。

板坂　私は修士１年の時に、所属していた研究室の中山英之先生と進路の話をしました。そこで私は「卒業設計の時に、いろいろなことを企画できてまちのことも考えられるし、建築も設計するし、それが楽しいと思えたので出来事をつくりたい」と言ったら、「いやいや、建築を設計することだけを精一杯やれ」と言われてハッとさせられました。今は独立して、小さな家具なども設計しているのですが、それでさ

え一人で考え切ることができなくて、つくる人と一対一ではなく間に何人もいます。逆に大工さんと相談したり、エスキスを頼まれたり、コミュニケーションする力も大事だと思っています。その力と相談するネットワークのつくり方も今のうちに身に付けておいた方がいいと思います。自分の作品ではあるけれど皆とつくるように、話し合いながらデベロップしていくと視野が広がり、選択肢が増えていくと思います。そういったことを意識して、卒業後も頑張って欲しいです。私も卒業設計をスタートとして建築をやってきているので、今日のプレゼンと違うプレゼン方法を一つ考えていくのもいいと思います。

出展作品

Exhibited Works

都市の再生速度
現代的鑑賞から考える東京駅の劇場

大岩 樹生　おおいわ みきお
山道研究室

「大怪我、しない・させない（卒制の裏テーマ）」
「チェンソーマンのアニメOPとED全部（卒制ソング）」
「テーマカラーが赤なのに、赤スプレー在庫なし（卒制中の事件）」

プログラム：**劇場**
計画敷地：**東京都千代田区丸の内 東京駅構内**

設計主旨 旧来空間を大勢で共有することで一律な体験をもたらしてきた劇場を、サブスクの倍速再生の時代に合わせて現代にアップデートする。電車、エスカレーター、ホーム、多様な速度の視点で流れる劇場を、東京駅の覆い隠された歴史的なファサードと線路の隙間に設計した。動画や、鑑賞者（緑）と演者（赤）の2領域が色を分けて塗られるアクソメドローイングで劇場 ↗

ホームからの視点

エスカレーターからの視点

ホテルからの視点

遠くのホームからの視点

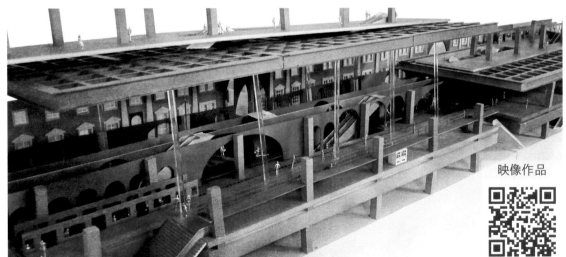

映像作品

⊅ 性を検討していく。異なる速度で流れる空間を赤い壁で切り分け、移動空間のみる／みられるの関係をグラデーショナルにつくり出すアーチによって、カメラのフィルムやピントのように距離と速度をパラメータとする多視点的な場が出来上がる。速度ごとにルールの異なるアーチの開け方で鑑賞を形づくり、異なる速度で再生する鑑賞者同士が劇場的な関係を結び直していくことで、日々の何気ない風景にさえも鑑賞の目を持つことができる。

審査員コメント　移動空間に着目し、都市を演劇と見立てようとするきっかけの設計として、文化的・メディア的に見て評価できると感じました。一方、プログラムが劇場以外に充実していない点などから、社会性を感じられなかったです。この提案が社会的に何になるのか、東京駅でなければいけない意味とは何なのか、本人が自覚的に説明してくれると、さらに良かった気がします。（津川恵理）

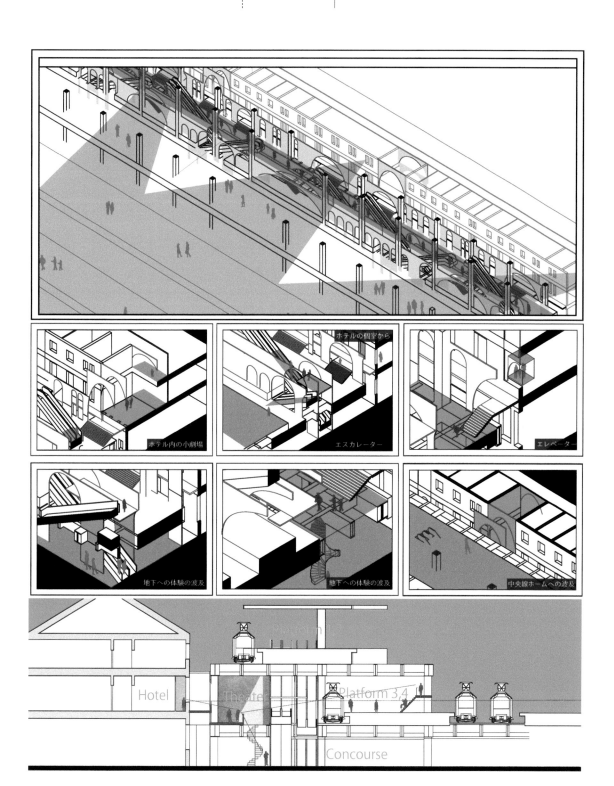

誰が為の熱櫓
ふるまいと建材の集積による日常の延長としての小さなインフラ群

森本 爽平　もりもと そうへい

赤松研究室

「毎日野菜ジュースで健康体（卒制の裏テーマ）」
「約7万円（模型の制作費用）」
「カードケースをなくして定期と学生証と免許証を失った（卒制中の事件）」

プログラム： 地域機能／小規模インフラ
計画敷地： 静岡県伊豆半島熱川温泉

設計主旨　土地の固有性は誰の為にあるのだろうか。観光として土地の他者に消費されていく地方温泉地・熱川に違和感を抱く。不安定な社会の中で観光業の衰弱が著しく起き、今後、更なる衰退が予想される。一方で、もぬけていく街には変わりゆく環境の中で残されていく事物が溢れかえり、土地内で再興しうる建材ポテンシャルがある。本提案では櫓としての源泉風景に着 ➡

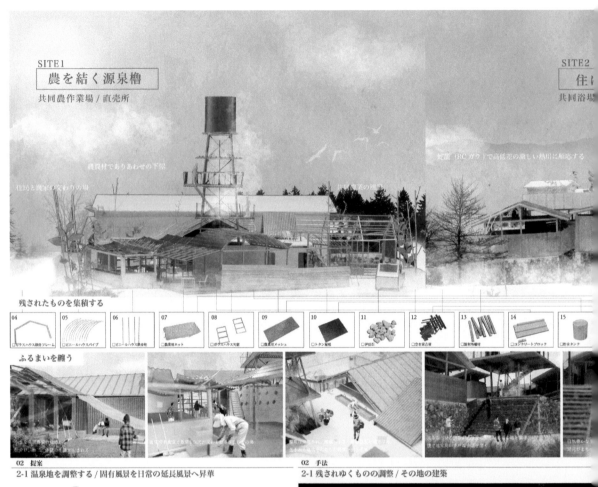

SITE1
農を結く源泉櫓
共同農作業場／直売所

SITE2
住
共同浴場

残されたものを集積する

04	05	06	07	08	09	10	11	12	13	14	15
□ガラスハウス鉄骨フレーム	□ビニールハウスパイプ	□ビニールハウス鉄柱	□農業用ネット	□ガラスハウス天窓	□農業用メッシュ	□トタン屋根	□伊豆石	□空き家古材	□鋼材廃材	□コンクリートブロック	□貯水タンク

ふるまいを纏う

02 提案
2-1 温泉地を調整する／固有風景を日常の延長風景へ昇華

住宅街

農地　温泉街

こうした現状を鑑まえ、まちの暮らしから乖離していった温泉地を今一度、土地・暮らし・資源を結び、暮らしの中で継承される温泉地へと転換を図る。まちの固有物である源泉物に着目し、日常の活動の延長線上に続いていくように建築を編集し、接続する。
土地は暮らしによって彩られ、資源はまちへ延長を還元する。そうした活動の中で人々の視点を転換し、土地の固有性が残され、継承されていく。

2-2 インフラを調整する

大規模インフラ　▶　小さなインフラ群

土地や環境を観察し植物として視れ、地域外へと電力が送られていくインフラ

小さくその土地性からつくられる最低限の電力を地域に還元するインフラ

02 手法
2-1 残されゆくものの調整／その地の建築

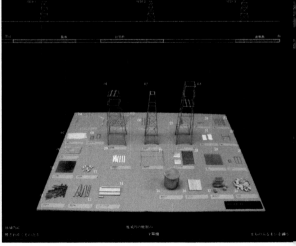

目し、建材の調整によるフォリーを固有風景のなかに埋め込み、現代のふるまいへと接続し、資源と暮らしを結ぶ小さなインフラと生活景を計画する。手法としてそこにある建材・日常に地続きの所作の集積によるインフラフォリーを設計した。個人が暮らしのなかに資源があることを認識し、土地との接続空間を持つだけで強い生活景＝固有風景を産むことができる。地域資源は土地の他者に恵むものではなく、生活景のなかで育まれ、温泉地は未来へ繋げられていく。

SITE3
創景を彩る源泉櫓
シェアアトリエ／展望台

2 都市を調整する

03 全体計画

3-1 河川流域にて源泉風景へインフラフォリーを構築し、時間・土地・暮らしを結ぶ。

点（インフラとしてのフォリー）

線（河川流域）

面（熱川）

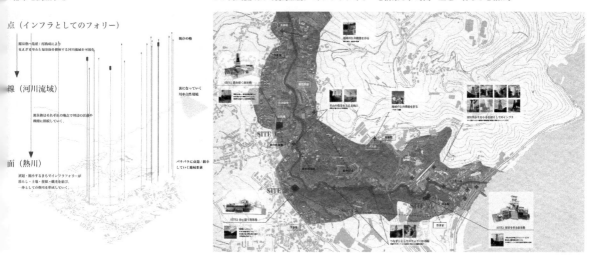

神居、堰里に灯る
─産業遺産が繋ぐアイヌ文化伝承の風景─

小瀬木 駿 おぜき しゅん

小堀研究室

「アイヌに愛を、お手伝いに感謝を(卒制の裏テーマ)」
「夜学/折坂悠太・詠犬/GEZAN(卒制ソング)」
「建スタ事変の矢面に立ってしまう(卒制中の事件)」

プログラム: アイヌ文化伝承施設
計画敷地: 北海道平取町二風谷二風谷ダム

設計主旨 アイヌ文化は目的や手段を変化させながら受け継がれてきた。極寒の大地に適応するための知恵を歌や踊りにこめて。数百年後まで繋ぐ伝承の軌跡は何百年も遺るものである。建築にこそ宿っていくのではないだろうか。本提案の敷地である二風谷ダムはアイヌと自然を分断し、権利闘争の舞台となったアイヌ民族にとって負の遺産である。そして、今はほぼ機能を ↗

❼ 失っている産業遺産と化したダムでもある。私はこのダムの上にアイヌが暮らし、文化を遺していく伝承施設を提案する。ダムを自然環境と捉え、適応していくことで、アイヌと自然のネットワークを繋ぎ直すものとして再生させ、負の歴史の象徴であったダムに刻み込まれていく伝承の軌跡が風景となって立ち現れる。

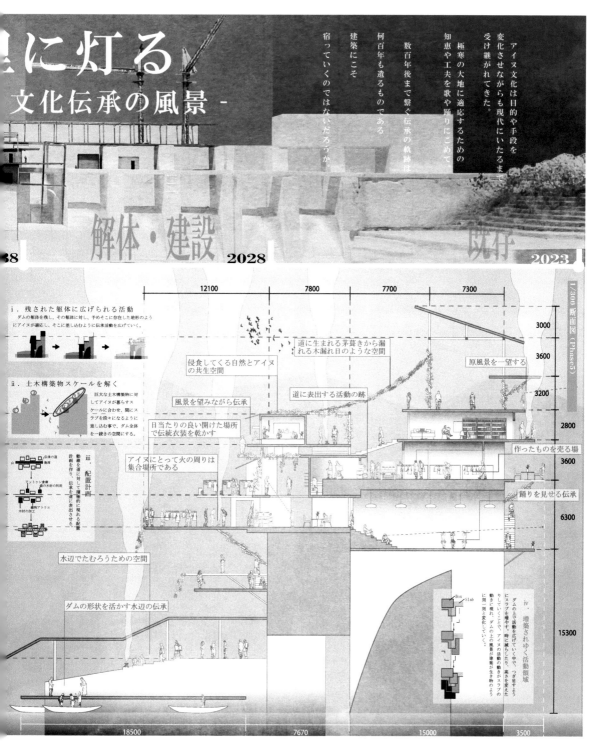

…に灯る
- 文化伝承の風景 -

アイヌ文化は目的や手段を変化させながらも現代にいたるまで受け継がれてきた。

極寒の大地に適応するための知恵や工夫を歌や踊りにこめて数百年後まで繋ぐ伝承の軌跡は何百年も遺るものである建築にこそ宿っていくのではないだろうか

解体・建設　2028　　既存　2023

1/300 断面図（Phase3）

ⅰ. 残された躯体に広げられる活動
ダムの躯体を残し、その躯体に対し、予めそこに存在する地形のようにアイヌが適応し、そこに差し込むように伝承活動を広げていく。

ⅱ. 土木構築物スケールを解く
巨大な土木構築物に対してアイヌが暮らすスケールに合わせ、間にスラブを段々になるように差し込む事で、ダム全体を一繋きの空間にする。

ⅲ. 配置計画
動線を道に見立てアイヌの伝わる配置計画を作り、伝承が道に表出させる。

ⅳ. 増築されゆく活動領域
ダムの上で活動を広げていく中で、つき足すようにスラブを増やしたり、時に減らしたり、高さを変えたりしていくことで、アイヌの活動の動きがスラブの動きに現れ、ダムの上の風景が建築が生き物のように刻一刻と変化していく。

道に生まれる茅葺きから漏れる木漏れ日のような空間

侵食してくる自然とアイヌの共生空間

原風景を一望する

風景を望みながら伝承

道に表出する活動の跡

日当たりの良い開けた場所で伝統衣装を乾かす

作ったものを売る場

アイヌにとって火の周りは集合場所である

踊りを見せる伝承

水辺でたむろうための空間

ダムの形状を活かす水辺の伝承

Box Slab

3000
3600
3200
2800
3600
6300
15300

12100　7800　7700　7300

18500　7670　15000　3500

綮 —はたじるし—

狭山における茶業と町の結節点

斎藤 詩織 さいとう しおり

赤松研究室

「8時登校（卒制の裏テーマ）」
「シーラカンス／ズーカラデル（卒制ソング）」
「麻婆茄子発見（卒制中の事件）」

プログラム： 茶工場の改修、地域交流場
計画敷地： 埼玉県入間市

設計主旨 埼玉県西部で生産される狭山茶は昔のように町一体となって茶摘みを行うような習慣は失われ、機能重視の郊外化していく町と取り残された茶業が分離しているのが現状である。そこで、もう一度お茶の習慣や文化を町に広め、定着させるきっかけを与えるための、町と茶業の結節点となる建築を提案する。共同茶工場では、既存の茶工場を改修し、新しく木造で町に ↗

| 町中 | 大きな茶畑 | 大きな工場 | 共同茶工場 | 結節点 | 住宅街の茶畑 | 大きな道 |

町に溢れ出す活動

大きな茶畑…茶畑で走る子供たち

茶畑…茶畑で演奏会

茶畑と住宅…生活と共存する風景

お茶に近い住宅…家の前で茶会

町中…お裾分けの習慣

町と茶業の接点となる建築ができることで、人々のお茶への意識を変え、やがてお茶の町としての姿を取り戻し、お茶は習慣や文化として町に残されていく。

⬀ 人の居場所を与え、製茶を身近に感じるように緩やかに空間をつなぐ。茶畑隣の交流場では、人々が空間を共有することで、町の茶業が一体となった風景をつくり出す。これらの建築は産業の象徴 - 繋 - として町の風景を彩りながら、人々の振る舞いを支えるものとして存在する。そして、お茶の振る舞いが生まれ、つながりが町に広がっていくことで、お茶が町の文化や風景として残っていく未来を創造する。

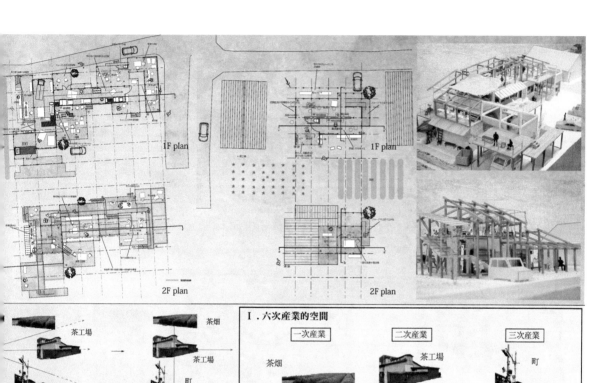

1F plan

1F plan

2F plan

2F plan

茶工場

茶畑

茶工場

町

：町と産業が離れていく　　結節点を作り町と産業をつなぐ

①町の人の意識のなかにお茶を取り込むこと
②お茶を町のみんなのものに昇華すること
③茶園だけに頼らず、お茶を残していくこと

町の人の居場所を与えることで町と茶業の
繋（接点）となる建築を計画する。

町 ― 繋 ― 茶

繋・・・筋肉と骨を結ぶところ。かなめ。

茶工場：

茶園 B

茶園 C

|A

共同茶工場

茶園で共同茶工場を管理することで、経済的負担を軽減するとともに、土や人々のつながりを作る。

Ⅰ．六次産業的空間

一次産業　　　　二次産業　　　　三次産業

茶畑　　　　　　茶工場　　　　　町

茶の流れ

茶摘み　　　　　　製茶　　　　　飲む

＋

Ⅱ．共有的建築

茶畑の風景	茶摘みの手伝い	音・香りの共有	新しいものづくり
作業工程の見学	共有の場としての価値	製茶の勉強	町の倉庫
茶畑利用	休憩所の共有	熱利用	茶殻の回収	お茶の再利用

↓

一体化した建築へ

共同茶工場　　　　　結節点

無関心の共有
商業的棲み分けに対する再考

澤崎 梨恵 (さわざき りえ)
赤松研究室

「お手伝いさんと楽しくつくる！（卒制の裏テーマ）」
「ダンスホール（卒制ソング）」
「電気ポットを電子レンジに入れてお湯を温めようとしていた（卒制中の事件）」

プログラム：複合施設
計画敷地：東京都渋谷区神宮前5丁目

| 設計主旨 | 表参道というハイブランドが建ち並ぶ街の中で自分の居場所を感じることができない。なぜ人間が考えた街で人間の居場所がないのか。商業的な棲み分けがされた中にも、居場所を見つけることのできる設計はないのか。この建築では自分の居場所の見つけ方としてひとりの状態を探しているのではないかと考え、ひとりの状態である物理的距離と精神的距離を考えた。そ➤ |

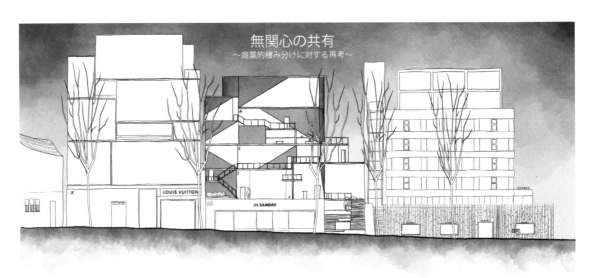

無関心の共有
～商業的棲み分けに対する再考～

背景と提案

街の中で自分の居場所を見つけることが出来ない

ハイブランド店の上層部に無関心共有空間を設ける

無関心共有空間への多方面からのアクセスにより様々な目的をもった人が集まり、より深い無関心共有空間へ

自分に合った居場所を選択し見つけることができる空間へ

無関心共有

街の中でどのように自分の居場所を探しているか考えると、自ら選択してひとりの状態になろうとしているのではないか。

～ひとりの状態～
孤独な空間とは異なり、物理的あるいは精神的に離れた空間

	物理的距離	精神的距離
近い	仕切りレベル差なし	共有 →コミュニティの場
		無関心共有 →多の中のひとり
遠い	仕切りレベル差あり	無関心 →都市・個室

無関心共有という精神的距離が街に足りていないのではないか

街からの抽出

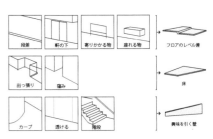

街の中で見かける他の中のひとりとなる空間を摘み取り、空間操作の頼りに用いる

設計

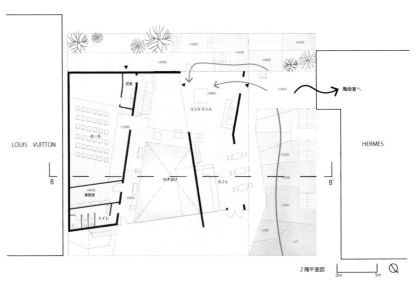

LOUIS VUITTON

HERMES

2階平面図　0m　5m

⤴ ここで、他の中のひとりである無関心共有という空間が街に足りていないのではないかと考え、街から他の中のひとりである場を抽出し、設計の手掛かりにした。また、建物を住宅、ハイブランド店、オフィスなどと視線や空間をつなげることで無関心共有が強く生まれるようにした。この建築により表参道を訪れる人が、その時の気持ちにより、他の中のひとりの状態が選択できる場所を目指した。

■ 選択可能パース

■ 人を引き寄せる

2階 エントランスから

2階 屋外から

表参道から

3階 エスプラナード

3階 階段上から

裏路地から

■ ひとりの状態

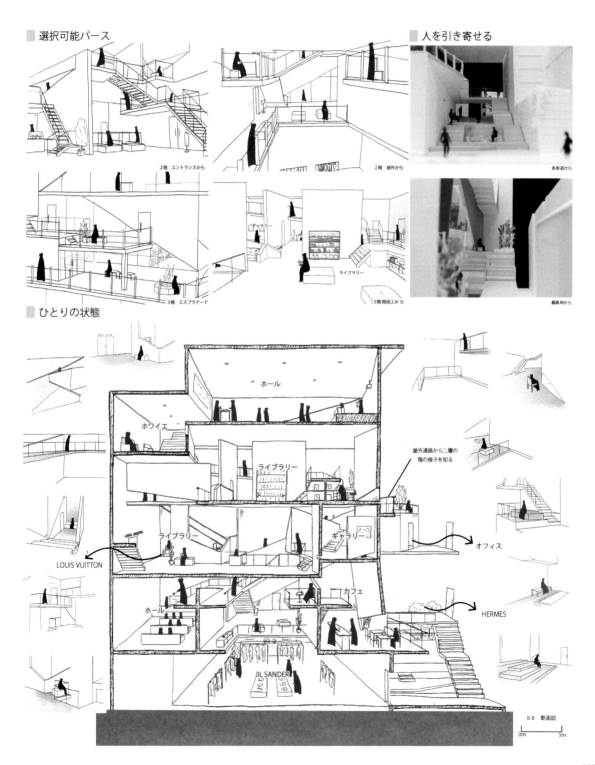

ホール

ホワイエ

ライブラリー

屋外通路から二層の階の様子を知る

ライブラリー

ギャラリー

オフィス

LOUIS VUITTON

ホール

カフェ

HERMES

JIL SANDER

B-B 断面図

0m　　3m

半解反響
─新築によって導く風景の継承方法─

星田 真之介 ほしだ しんのすけ
赤松研究室

「早寝早起き早登校朝ごはん昼ご飯夜ご飯遅下校（卒制の裏テーマ）」
「シングルベッド─シャ乱Q（卒制ソング）」
「一番くじ大量放出（卒制中の事件）」

プログラム： 銭湯複合施設
計画敷地： 熊本県熊本市古町地区

設計主旨 かつて地方都市には町家などの地域性を孕んだ建築が多く存在していた。しかし、建築によりお金を生み出すことが必要となった現代社会ではそのような建築で構成されていたかつての風景は消え去り、建築の建て替えにより町全体の地域性は薄れている。熊本県古町地区でも同様の問題に直面している。一方、この地区には戦後に建てられた建物が現在も多く残って ↗

敷地 熊本県古町地区河原町繊維問屋街

多種多様、河原町

TRAM LINE

SITE

RIVER

闇市時代　国際市場時代　現在

昨今の日本において、自然災害などによ〔 風景の継〔

本設計では風景をそのまま保存せず、〔

奥につながる通路

人を誘引する透過性

外部に纏う通路

SAKE 横丁

面影を纏う新たな風景

設計手法

半解による継承

残す要素、解体する要素を考え
半分は解体、半分は既存を残す

解体したところ以外は既存の躯体を残しつつ床、壁、天井をそれぞれ抜いてゆく

解体したところに新築で機能を付与し、一つの建築とする

解体・付与によってかつての風景はこの地に刻まれていく

単なる保存ではない、風景の新たな継承方法としての

そのままのファサード　　躯体と模様のみ残す

01 巡る配管　　02 仮設的屋根　　03 シャッター箱　　04 路地に溢れる

おりこれから先、20年、30年後に町屋が直面している問題に直面してしまうのではないかと考えた。本設計では単に建物を保存する今までの方法ではなく建築を半分解体し新たに機能、空間を付与することによってかつての風景を構成に継承する方法を提案する。地域住民は銭湯をきっかけにこの地に集まり昔ながらの路地へと広がり始める。そして、古今が混ざり合う風景がこの地に刻まれていく。

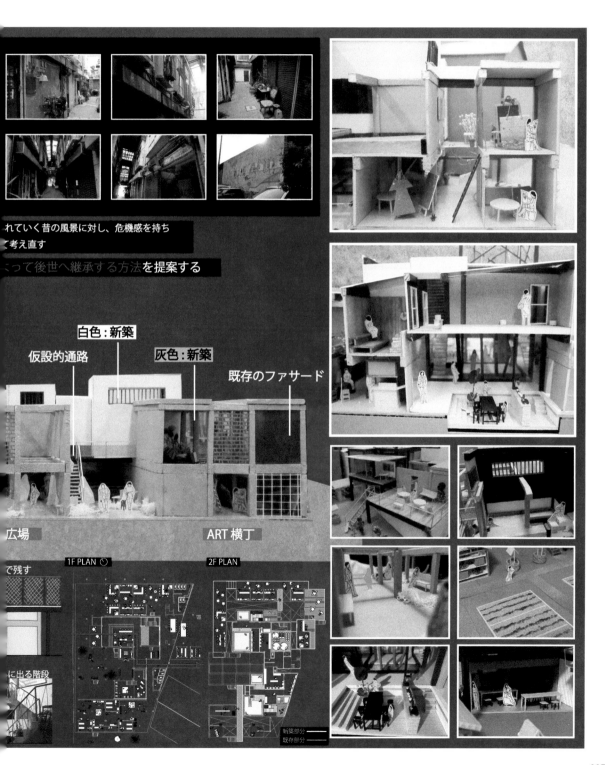

れていく昔の風景に対し、危機感を持ち

〜考え直す

〜って後世へ継承する方法を提案する

仮設的通路　白色：新築　灰色：新築　既存のファサード

広場　ART 横丁

で残す

に出る階段

1F PLAN　　2F PLAN

新築部分
既存部分

鎮ム都市
―東京水界再生による新都市計画の提案―

飯尾 龍也 いいお たつや
下吹越研究室

「席取り（卒制の裏テーマ）」
「popstar（卒制ソング）」
「お弁当11個、後輩キレる（卒制中の事件）」

プログラム：市場
計画敷地：東京都千代田区（旧江戸跡地）

設計主旨　私たちにとっていきやすい都市とは。重度の都市開発は、人々の生活に高速と窮屈、繋がりの希薄を与えている。かつて水の都とも呼ばれた東京、そこには確かにゆったりと流れた時間軸と生命体にとって居心地の良い生活空間が広がっていた。その水脈を再生し、都市に再編の波を流す。水界によって再生する東京。水と共に都市は鎮む。高速道路地下化事業や川再生事 🔗

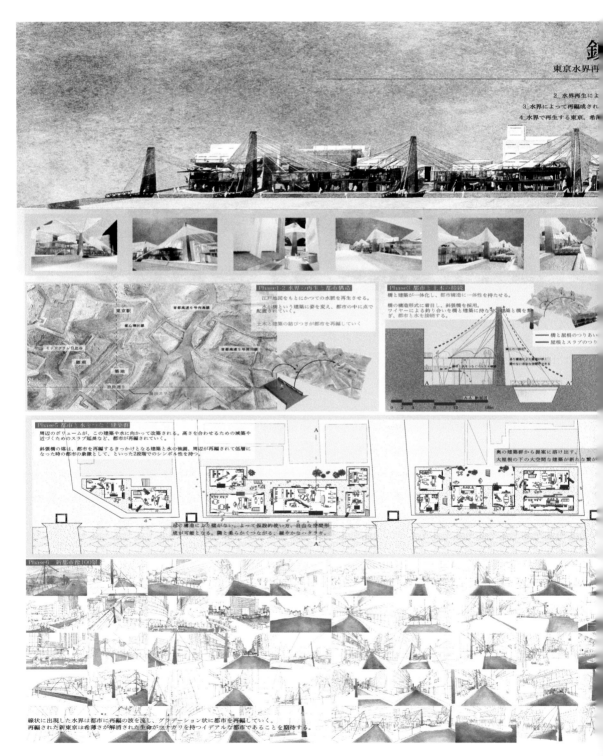

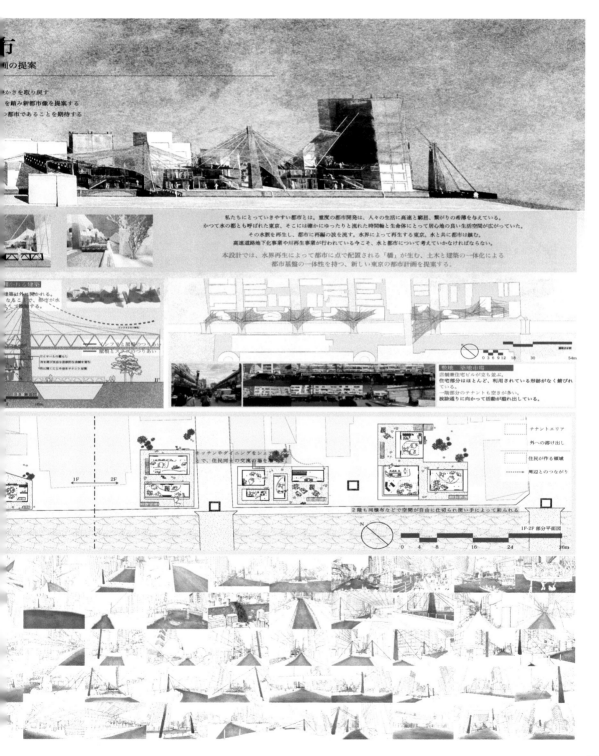

業が行われている今こそ、水と都市について考えていかなければならない。

本設計では、水界再生によって都市に点で配置される「橋」が生む、土木と建築の一体化による都市基盤の一体性を持つ、新しい東京の都市計画を提案する。現代都市に出現する水という線状の有機体は東京を変えるきっかけを与えると私は考える。

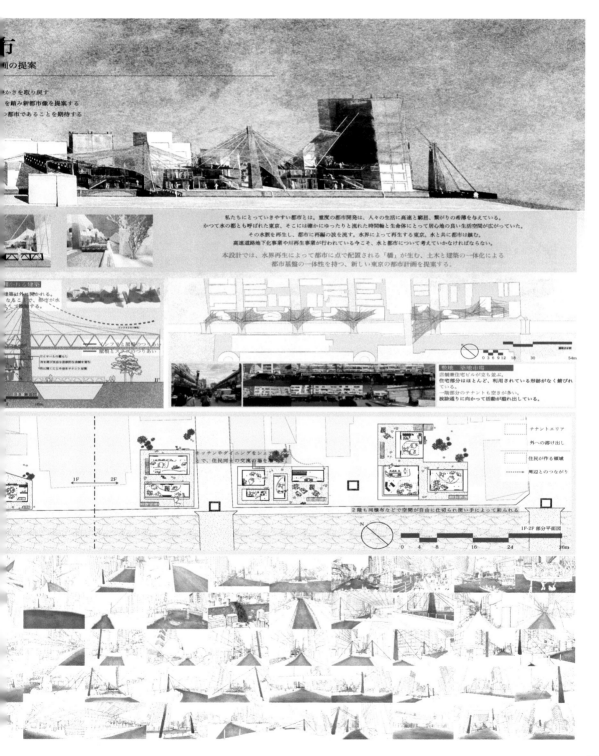

審査員コメント こちら側に想像させるものがあって、不可解でもありワクワクもしました。可能性がありそうだけれど、土木のスケールと建築のスケールに関係性がないように感じます。建築が、橋や川のスケールと人の小刻みなスケールを行き来することでできる都市を見てみたいです。既存の区画やテナントの面積にとらわれずに、もっとダイナミックにやっても良いと思いました。（板坂留五）

渋谷的記憶想器
経験の再編が作り出す都市の動き

浅日 栄輝 あさひ えいき
山道研究室

「よく寝るよく食べる（卒制の裏テーマ）」
「サウダージ（卒制ソング）」
「1週間前に設計変更（卒制中の事件）」

プログラム： 公共空間
計画敷地： 渋谷駅周辺

設計主旨　リサーチから人は無意識に空間を抽象化していることを見出した。
記憶の欠片は単体では機能せずどこに存在するかの場所性が重要なトリガーとなって、記憶へと残る可能性を生み出すと考える。
現代は SNS により写真1枚で事象が物語られる時代になり、多くの人が行き交う都市はより断片的なものになっ ⤵

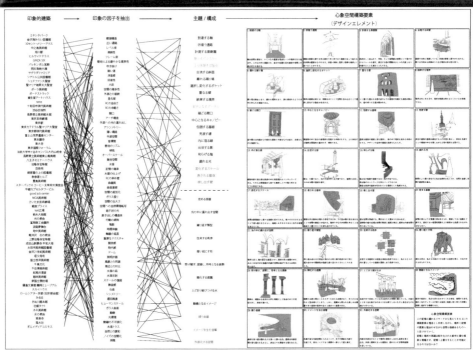

⤴ ているように感じる。
記憶の要素と断片的な都市の場所の2つの欠片を合わせることで記憶に残る場を生み出しながら、渋谷らしさを現在的に動きのあるものと解釈し渋谷で都市的に表現する。
都市の動きの可視化は、単一な都市形成によって不可視なものへ変換している都市的文脈を再認識させる場になりうるだろう。

敷地を選定する際に、映画や小説のストーリーから動線を見出して決めるなど、点としてではなくもっと線的に敷地がつながって欲しいです。リサーチから設計の段階で設計者が翻訳をしないといけないけれど、その翻訳が恣意的なブラックボックスに閉ざされている気がします。「どういう翻訳の仕方をするとこの場所にどういう記憶が必要で、こういう手法でこういう建築になり、それによってどうなるのか」というストーリーが一本通って欲しかったです。（津川恵理）

街と遊園地
失われた風景の再編計画

飯島 友輝 いいじま ゆうき
山道研究室

「固有の自然と風景の営みに目を向ける（卒制の裏テーマ）」
「SUNDAY BEST（卒制ソング）」
「1月からの敷地変更＋PC画面が破損し、モニター持参生活に、、、（卒制中の事件）」

プログラム：公園
計画敷地： 東京都練馬区向山3-25-1

設計主旨 100年前、急激な都市化と震災により屋外での活動と土と触れ合う機会がない東京の人々のために開園した豊島園遊園地。めまぐるしい時代の変遷を経ながらも開園理念を貫いてきた豊島園は、私を含めた多くの地域住民の日常的な場所でもあった。しかし、従来の都市構造や社会問題による弊害（均質化・集中化・老朽化・災害等）によって閉園した。そして現在、地 ⏎

① WATER SLIDER → OBSERVATORY

③ CRAZY RIVER → RESERVOIR

② POOL → MIRROR SQU

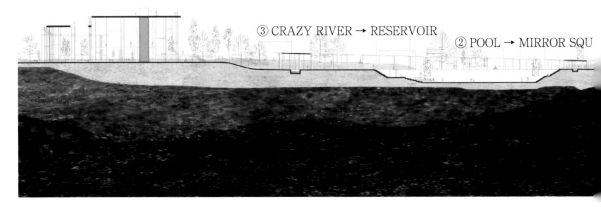

ⓐ 域への防災公園+コンテクストを無視した商業施設として段階的な再整備が行われている。

乖離する日常の場としての公園空間と非日常の場としての防災空間。かつて、屋外で遊び、学び、生活の場として存在した豊島園の風景を防災公園に再編することで、両者の距離を縮め、地域の人々の土着的な生活の場として継承するこれからの豊島園の風景を提案する。

SITE PLAN

①

③

②

④ ARTIFICAL GROUND → BOWER

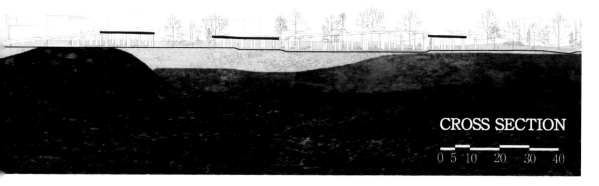

CROSS SECTION

0 5 10   20   30   40

033

ニュー新橋計画
都市再開発における工事期間との共生

石井 陸生 いしい りく
小堀研究室

「怪我なし(卒制の裏テーマ)」
「POP STAR(卒制ソング)」
「スプレーから嫌な音(卒制中の事件)」

プログラム: 商業・オフィス
計画敷地: 東京都港区新橋

設計主旨　現在都市は更新時期にある。長期間の再開発期に突入した都市での空間体験は、マイナスな期間としての印象が強い。

ここで長期間にわたる都市再開発の工事に注目し、建物の解体の過程、使われ方、都市の変化への対応などの終わりのない再開発について、私は工事期間とその工事プロセスを設計することで解体と再生を融合し、生きた ↗

Back Ground

現在、都市は更新時期にある。
現代都市の建築は2年程で新築され、25-30年使われたのちに1年程で解体され、その土地には新しい建物が同じサイクルで建てられる。
都市の中では至る所で工事が行われ、工事は都市体験の一部となりつつある。
その一方で、長期間の再開発期に突入した都市での空間体験は、そこでの利用者にとっても再開発当事者にとっても自由度が低く、マイナスな期間としての印象が強い。

Concept
再開発工事と利用の共生

『既存』 → 『工事中』 → 『工事後』

工事期間は、祭りのようだ
私は、元ある建物を解体し、新しい建物を新築することだけが「再開発ではないと考える。

建物を解体するまでの過程、新築するまでの過程、その後の都市の変化への対応、再開発に終わりはどないのだ。
都市や建築を仮設物とともに廻る工事は、移動サーカスのようであり、生活と工事が溶け合った時ダイナミックに変動する都市で生活する人々の体験は、再開発期間を楽しむ一つの回答になるのではないか。
よって私は、これから長期間続く再開発について、工事と利用のお互いにプラスになるような工事期間とその工事プロセスを設計することで破壊と再生を繰り返す建築とそこでの生活を創造する。

『3つの設計要素』

	減築	破壊
目的	耐震補強として建築の軽量化	
方法	ファサードによる都市への断絶・均質プランの連続を破壊し、建築の外周を都市とつなげ、建築内の断面的なつながりをつくる	
体験	一時的なテナントの移動や通路・階段の閉鎖から特異な期間としての振る舞いが生まれる	

	増築	再生
目的	耐震補強としての鉄骨の構造体	
方法	既存の柱の上に接合し、減築したスラブによって外部化される空間の屋根や鉄骨トラスによる補修によって空間をつくる	
体験	スラブの減築からS造屋根の増築までの期間で、内部→外部→半外部というように外部と内部が交錯し、軒や屋根は空間として残る。	

内部——外部——半外部

	仮設	工事エレメントの読み替え
目的	工事時の足場や仕切り	
方法	工事を行うために置かれた仮設物が、建築のエレメントとして空間をつくる。	
体験	足場がテナントのファサードや一時的な動線として利用者に読み替えられ、テナントや生活のモノが挿入される。	

ニュ
都市再開

Time line

第一期工事

1945　1971　　　2022　　　2030　　　　　　　2040

闇市　ニュー新橋ビル　　　常設クレーンの挿入　上層階の構造体の解体　外周スラブ減築　　内部通路の減築
　　　　竣工　　　　　　テナントの移設　　　　　　　　　　外部階段の挿入　　内部階段の撤去
　　　　　　　　　　　　ファサードの撤去

工事プロセス　　Program 都市の余白　工事関係者宿泊所　　　　　　　　　　　　　　工事痕跡の読み替え

新橋駅西口地区市街地再開発事業　検討区域
再開発事業　歩行者ネットワーク

設計要素

クレーン
コンクリートカッター
常設クレーンの挿入

足場
クレーンを中心にスラブを減築し、構造体のグリッドとは異なる曲線を与える

カーテン

ビルのファサードを無くし、都市に対して開く
外周スラブの減築

足場 排気ダクト

内部通路を減
内部の断面的な
つくる
内部

⤳ 生命のような都市を提案する。

Site

所在地：東京都港区新橋二丁目 2-16
敷地面積：5729.764㎡
建蔽率：98.6%
用途地域：商業地域、防火地域
構造：鉄骨鉄筋コンクリート造　雑居ビル群
階数：地下4階、地上11階
延べ床面積：58107.345㎡
容積率：870.5%
設計：(株)松田平田坂本設計事務所
施工：(株)ト竹中工務店

新橋駅

汐留

ニュー新橋ビルは戦後闇市に起源を持つ大型雑居ビルであり、新橋駅・SL広場・繁華街・オフィスビルに囲まれ、多くの都市要素の結節点となっている。
ニュー新橋ビルを含めた駅前の小さな雑居ビル群が、戦後から徐々に発展を遂げてきたのに対し、汐留の高層オフィスビル群は、大規模な再開発によって急速に立ち上がった。現在ニュー新橋ビルは、震度六大で倒壊の可能性があるビルとして実名公表を受け、建て替えによりSL広場を含む南北約400mの敷地に、高さ120-130mのビルを2棟以上を建設する再開発事業が2028年後着工予定とされている。

『ニュー新橋ビルにおける通路歩行時の空間体験図』

71m：間口23個（両面含め）

『歩行体験』
装飾・インテリアの域を超えた空間の構成要素としてのはみ出しが、通路の空間体験において魅力をつくっている。はみ出しは、自然発生的でランダム性があり、かつ変動的である。はみ出しは、変化を繰り返すため空間やそこでの体験が常に変化している。
『読み替え』
通路が公共空間としてあったのが記号として残り、モノのはみ出しで私空間として領域を拡張していたり、通路にはみ出した椅子や営業前のテナントでくつろぐなど商空間が生活空間のように読み替えられている。

第二期工事	2060	2070	第三期工事	2XXX

各 結通路　壁面の撤去　梁の一部解体　　スラブの減築　　　　スラブの減築　デジタルスクリーンの挿入
　　　　　　　　鉄骨の増設　　ビルの緑化　　　　　　　　　　　　モビリティテナントの挿入
　　　　　　　　　スロープの挿入

倉庫　　　　　　　工事痕跡の読み替え　　　　　　　Program　パヴィリオン

鉄パイプ

スロープ　自転車

デジタルスクリーン

内部　半外部
鉄パイプなどの仮設物によって仕切り、ビルを外部化する。

スロープによって高層階まで螺旋状にビルを登る。

木
土
減築したスラブと壁の間に土と木を挿入する。

鉄骨（H型鋼）

モビリティテナント

既存の構造体を残しながら、減築により建物内を外部化し、増築により、都市のランドスケープとして生まれ変わっていく。

遊歩道　　壁面の減築　　スロープの増築　　　　　ビルの緑化　　　ランドスケープとしての構造体

035

インタラクティブ・マッピングを用いた建築物の環境性能マップ

内手 明 うちで あきら

川久保研究室

「楽しむ（卒制の裏テーマ）」
「ただ君に晴れ -ヨルシカ-（卒制ソング）」
「プレポの印刷が間に合わず、深夜に印刷所へ（卒制中の事件）」

プログラム： ―
計画敷地： ―

設計主旨　一般ユーザーにおけるCASBEEの認知度は低い。原因はいくつか考えられるが、そのひとつに発信力の欠如がある。現在CASBEE評価結果は一部の自治体のHPにおいて公表されているが、文字ベースのデータであることや、ターゲット層が狭いことを考えると、発信力は決して高くないと言える。
そこで本制作では、現状CASBEEのデータに、GIS ↗

インタラクティブ・プロジェクションマッピングを用いた
建築物の環境性能マップ

19N1017 AKIRA UCHIDE

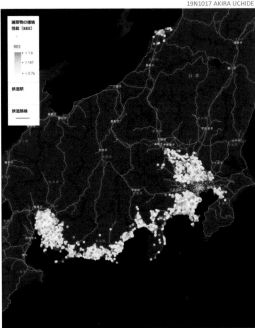

軽視されがちな「環境性能」

住宅を評価する要素は様々である。例えば戸建て住宅の場合、その価格は、概ね建物価格と土地価格の2つに分解することである。首都圏の新築分譲戸建ての平均価格は3750万円であり、建物価格は1000万円程度と推定された。また、賃貸物件の場合、優先順位の高い条件として上位に挙がるのは「立地」「間取り」「家賃」等である。実際に、大手不動産・住宅情報サイトを見ても、詳細に検索

ができるはこれらの情報が中心であり、その他の快適性や環境性能といった情報に関しては詳細な訳度度の検索機能しか備えていないというのが実情である。
オフィスビルや工場等の企業建物物に関しては、近年ESG投資に見られるダイベストメントの流れがあると言え、その認知度は低く、環境性能が軽視されがちであるという現状に甘んじている。

環境性能の「見える化」

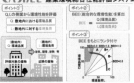

CASBEE 建築環境総合性能評価システム

建築物の環境性能に関してユーザーにおいてはまだまだ軽視されがちであると言え、情勢としては当然環境配慮がやや不足した的な傾向になる。建築産業が地球温暖化に及ぼす影響が大きく、環境対応の一環として、建築物の環境性能の基準を第三者が客観的に評価する「環境性能評価システム」が世界中で確立されてきた。

日本では国策主導で発足した「CASBEE」がある。CASBEEでは、建物の環境性能を品質と負荷の両側面から評価し、「BEE（Built Environment Efficiency）」と呼ばれる総合環境可能性指標でランク付けを行う。

作品コンセプト

インタラクティブな経験を用いた建築物の環境性能に関する知見の普及

GIS ＋ Projection Mapping

環境性能認レイヤー
鉄道駅レイヤー
ベースマップ

サイズで分類
色分け
色とサイズ
ヒートマップ

一般ユーザーにおけるCASBEEの認知度は低い。原因はいくつか考えられるが、そのひとつに発信力の欠如がある。現在CASBEE評価結果は一部の自治体のHPにおいて公表されているが、文字ベースのデータであることや、ターゲットが狭いことを考えると、発信力は決して高くないと言える。

そこで本制作では、現状のCASBEEのデータに、GISやプロジェクションマッピング情報可視化技術を適用することで、建築物の環境性能に関する情報を操作可能な地図として表現し、知見の普及促進を図るシステムを構築することを目的とした。

制作過程（データ収集編）

1. データ収集

全国24の自治体でCASBEEによる評価地点の届出を義務化する

◆ 建物名称／建設地住所／建物用途
◆ 建築主／設計者
◆ 竣工年／届出年
◆ 各評価スコア（BEE, Q, L, SQ, SLR, Q1, Q2, Q3, LR1, LR2, LR3）

届出総数の全21項目を収集
データベース化
現在 25,709件を収集済み

現在、一部の自治体では、一定規模以上の建築物を建てる際、環境計画書の届出を義務付けており、その際にCASBEEによる評価書の添付が必要となる。届出された CASBEE評価結果は各自治体のWeb上に公開されている。このような自治体がCASBEEを活用した。2004年4月に名古屋市が初めて導入して以降年々増加し、2023年1月時点では24自治体（9府県、15市）で導入されている。

その公開データから、建物名称や建設地住所などの建物情報、また各種環境性能値といったデータを合計21項目抜き出しExcelにまとめる作業を行った。作業はExcelマクロを組んで半自動化しており、現在25,709件分のCASBEEデータを収集しデータベース化している。

以下、収集した統計情報を抜粋して示す。

▼年度ごとの届出件数、収集件数、収集割合

▼自治体ごとのCASBEE評価結果の収集件数

2. データ成形・加工（緯度経度情報の収集）

データを平面上にプロットするためには座標情報が必要となる。本制作の場合、CASBEEデータを地図上にプロットするため、緯度と経度の2つの情報をあらかじめ付与することとした。

建物物の環境性能情報

緯度経度情報を持つデータは一般に地理空間データと呼ばれる。例えば、気象観測所ごとの気温や店舗ごとの来客数はその一例である。また、新型コロナウイルス感染症の都道府県ごとの陽性者数や死亡者数が連日報道されていたことも記憶に新しい。

これらの地理空間データは感染症対策、天気予報、混雑緩和、環境対策などさまざまな実問題に役立てることができる。

― 実際の作業 ―

約1万5千件の建築物をひとつずつ確認
適宜 正確な住所へ修正

まず初めに、緯度経度情報を収集する方法として、CASBEE評価結果に記載されている建設地住所をGoogle Mapで検索し、Google Mapの地物を使い緯度経度情報を抽出する手法を取った。しかしながら、CASBEE評価結果の建設地住所はしばしば地番表示で書かれており、Google Mapで正しく検索できないことが多かった。

次に、上記方法の問題は地番表示がGoogle Mapに対応していない点である。ことを鑑み、地番表示を住居表示に直す作業を行った。具体的には「建設データバンク」という全国の新築工事情報を網羅しているサイトを利用した。適宜、当該サイトから建物名称や工事名が一致するデータを見つけ出し、そこに記載されている住居表示を取得した。

この一連のフローチャートを約1万5千回繰り返し、本制作で用いる緯度経度情報を収集した。

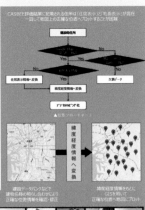

CASBEE評価結果に記載される住所は「住居表示」と「地番表示」が混在し一貫して地図上の正確な位置へプロットするのが困難

▲作業フローチャート

緯度経度情報へ変換

建設データバンクなどで建物名称の用途に合わせにより正確な建設情報を確認・修正

緯度経度情報をもとにGISを用いて正確な位置へ地図にプロット

❼やプロジェクションマッピング情報可視化技術を適用することで、建築物の環境性能に関する情報を操作可能な地図として表現し、知見の普及促進を図るシステムを構築することを目的とした。

制作過程（地理空間分析編）

1. 地図へのプロット

▲空間的自己相関分析による地域偏在性の可視化

本設計では、地理情報システム（以下、GIS：Geographic Information System）を使用し、収集したCASBEE評価結果のデータを地図に落とし込め、GISは様々な数値情報を地図上で分析することができるが、GISを用いて空間分析を行う際、その収集データを地図上にプロットする必要がある。また、こうしてプロットされた空間データの基本的な性質の一つに「近所と相関係数を持つ」という空間的自己相関がある。

空間的自己相関を用いた分析においては、ホットスポット（計算対象データの値が大きく、その近傍データの値も大きい）とコールドスポット（計算対象データの値が小さく、その近傍データの値も小さい）を特定が可能であり、これらの地域偏在性を色分けして地図に反映することで、地域がホットスポットまたはコールドスポットとなっているかを視覚的に認識しやすくなる。

2. レイヤー比較

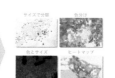

正確なレイヤー間比較でより実態に即した理解へ

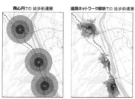

現在、賃貸物件を探す際に「駅から徒歩○○分」という表現をよく耳にしますが、これは基本的に空間的なつながりを無視した同心円による近似値の表現であり、実際の距離や道路の敷設状況に応じての所要時間は変わるもので、GISを用いた交通ネットワーク解析を行う必要がある。交通ネットワーク解析とは、道路情報を有する道路ネットワークデータを用いた解析のことであり、より実態に即した議論を可能とする。直線距離を指標として同心円を用いた場合、道路が形成されていない地点や線路・河川等の存在を考慮できておらず、現実には同一時間内に同心円の縁の地点まで到達できない可能性がある。一方、交通ネットワークに基づく到達圏解析は道路距離による算出を行うため、現実との乖離が比較的少ない。

▪400m/5分 ▪800m/10分 ▪1,200m/15分 ●最寄駅

▲駅からの徒歩到達圏との関係

制作過程（インタラクティブ・プロジェクションマッピング編）

1. インタラクティブ・プロジェクションマッピングとは

新たな体験型コンテンツ

以前からプロジェクションマッピングといえば壁面や建物外殻にプロジェクターを照射して演出を楽しむものを思い浮かべることがほとんどであった。

しかし、最近は赤外線やレーザーモーションセンサーが普及になり、その組み込みも簡易になってきた。そのため、インタラクティブ（＝相互作用の）な映像展開も可能となってきており、人が快適にコンテンツとのコミュニケーションを図るような場面を見かけることが多くなってきた。

インタラクティブ・プロジェクションマッピングもこれらの一種であり、人体の動きと投影コンテンツのマッチングを実現させる映像システムである。

2. GISとの親和性

  ×

映像的な楽しさ　操作性
「地図表現」 × 「街歩き」

GISを用いたデジタルマップとインタラクティブ・プロジェクションマッピングの親和性は高いと考える。

地図を「一般図」と「主題図」の2種類に分けることができる。一般図は、地形の状態を細かに正確に表した地図（地形図の地図）等であり、今、利用目的に応じたその地の地域間の比較や色分けやサイズ分け等を使った表現したものを主題図という。主題図は、人口統計データや経済データ等、調査事象やテーマに応じてその姿かたちが変わるという

その見た目の楽しさに私は魅力を感じる。

そもそも地図とは街中を繰り返歩いたリ目的地を目指す際に指針と指標とするものであり、地図自体を自由に操作することで得られる情報量は大きい。そのため、体験型コンテンツとして、特殊技能を身体的に広く適用できるものと考える。

このようなGISを用いたデジタルマップとインタラクティブ・プロジェクションマッピングは共通項が多く、相乗効果が期待できる組み合わせであると考えた。

3. 国土交通省 3D都市モデル「Project PLATEAU」の活用

Project PLATEAU における 3D都市モデルは、データ形式の国際標準である CityGML に準拠して3D都市モデルが作成されています。本設計で用いたArcGIS においては、扱いやすいデータ形式ファイルであるジオデータベース（FGDB）への変換ツール及びFFGDB での公開がなされており、様々なシーンでの活用が見込める。

例えば、ArcGIS では都市モデルを対話的に操作できるため、この3D都市モデルを地域住民との円滑な合意形成などに活用できる。

また、自然災害の浸水データを活用することで、都市を3次元的にシミュレーションすることができる。ArcGIS の拡張機能である「Airflow Analyst」と連携することで、3D都市モデルを入力データとした風況シミュレーションが可能となる。3D都市モデルの高さ情報と津波/洪水データの高さ情報を組み合わせることで、垂直避難が可能な建物の分析・可視化がおこなえる。浸水深と建物モデルを3Dで表示する3D浸水ハザードマップを作成することで、従来の2次元の浸水ハザードマップより説明力が増加することが考えられる。

本制作においては、ビジュアライズの面での活用にとどまっており、こうした3次元のシミュレーションを成果物として発展させるには至っていない。しかしながら、地球温暖化による異常気象が問題視される昨今において、こうした技術が次代を担うであろう技術の習得は必須であり、今後と学習を継続していく価値の高いコンテンツであると考える。

2. 動作機構

インタラクティブ・プロジェクションマッピングを成立させる最も重要なカギは「人体モーションの検出システム」である

プロジェクションマッピングは、対象物に光を当てて演出するだけのシステムなら、使用するソフトはそれこそPowerPointでも成立する。しかし、たかがとはいえ人体モーションの検出をみを条件とし、リアルタイムにユーザーの動きに対してリアクションするシステムを構築するとなると難度は急増する。以下にそれらを実現する機構を示す。

i. レーザーポインター＋画像認識プログラム

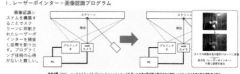

画像認識システムを構築することでスクリーンに照射されたレーザーポインター座標を検知し座標を割り出します。プログラミング技術の心得がないと難しい。

ii. 赤外線方式タッチセンサー

赤外線の網に指を突っ込むことでその一座標が動作される。人体モーションの検出システムにて最も簡易的な方法であるため、人体の複雑な動きの検知不可。

iii. カメラ型モーションセンサー

カメラで撮影した人体の形そのままを入力情報として伝達する。人間の細かい所作までも認識することで、体験型コンテンツに広く適用可能。しかし、システム構築が複雑。

地図操作に細かい人体の動きは不要である点と、高度なプログラミングを省略できる点から
赤外線方式タッチセンサーを採用

赤外線センサー搭載プロジェクター「Xperia Touch」

プログラミング技術一切不要のインタラクティブ・プロジェクター

機体下部から照射される赤外線光束によりタッチした点の座標が検出される。機体には購入時からAndroidが標準搭載されており、割り出された座標がそのまま画面への接触情報として認識される。即ち、タブレット端末のようなもので、特殊技能を身につけずインタラクティブ・プロジェクションマッピングを実現する代物である。

しかし、Xperia はプロジェクターとしての機能は一般的なものに比べると大きく劣る。画面の明るさは平均的なものの1/30程度であり、投影画面の大きさは固定される。そのため、利用場面も基本的には卓上に限定されてしまい、システムの使える範囲は1畳分の範囲であった。そのため、導入する選びとなった。

神楽の里の櫓舞台
秩父の風景を継承する記憶の結節点

江連 謙斗 えづれ けんと
小堀研究室

「毎日15時にお茶会を開催する（卒制の裏テーマ）」
「Uptown Funk／Bruno Mars（卒制ソング）」
「提出4日前の誕プレに鬼殺しで（卒制中の事件）」

プログラム：地域拠点としての歴史伝承施設
計画敷地：埼玉県秩父市本町

設計主旨 かつて秩父では年間300を超える祭りが行われていたと言われ「祭りの宝庫」として古くより親しまれた。またその祭りごとを中心とし産業、文化、環境のネットワークが構築されていた。しかし現在では人口減少による後継者不足や観光地化によりかつての文化、産業の風景は都市の裏側へと消え、街は均質でテーマパーク化した風景へと変わりつつある。そのような ㉑

PROBLEM 失われていく秩父の風景

かつて織物産業の名産地であった秩父には現在でも養蚕農家をはじめ、織物工場や貸い次問屋、土蔵などの街の産業の歴史を映す風景が残っている。しかし観光地化による産業の変化で現在ではそのほとんどは使われておらず解体され空き地となっているのが問題となっており、秩父固有の風景が失われつつある。

SITE 埼玉県秩父市

敷地の西側は住宅街が広がり、地域住民が日常利用する銭湯や雑貨屋が風景として広がっており、対象に東側は食べ歩き店の多い一番場通りや道の駅などの観光客向けの商業施設が多く点在している。

敷地の西側に面する旧秩父往還は買い継ぎ問屋や養蚕農家などの江戸から明治時代の切妻平入りの建物の様相が残っており、反対に東側の番場通りは番板建築や西洋建築などの大正、昭和時代の建物の様相が残っており、この敷地はその時間軸の異なる二つの街道に挟まる場所に位置している。

SCHEME 櫓舞台が繋ぐ歴史と風景

周辺のスケールに合わせながら武甲山の風景に対しては伸びていくように、秩父神社に対してはスケールが落ちていくようにスラブを積層させる。また櫓の機能を中心に活動が広がっていくように空間を配置することで人、文化、風景がシームレスに接続される。

PROPOSAL 街の分断を繋ぎ止める接続詞としての建築

■地域住民と観光客を繋ぐ

地域住民　観光客

現在地域住民が利用する旧秩父往還と観光客が利用する番場通りで利用者の分離が起きている。本設計では秩父本来の文化を伝えるためにこの二本の街道を結び、その中心に文化伝承施設を設計する。

■街の歴史を繋ぐ

街に残る風景の断片。そうした風景は都市の裏側に消えつつある。本設計は街の立面、素材感、プログラムを設計言語として取り入れながら街の歴史を繋いでいく設計を試みる。

■風景を繋ぐ

現在も街に残る秩父の産業、文化、環境の風景。それらに対し軸線を振った物見棚を配置し風景を接続する。

■文化、産業を繋ぐ

織物産業		秩父神社
祭り	武甲山	観光業

敷地を貫く長廊のシークエンスの中に文化、産業を写すプログラムや風景を織り交ぜることで、訪れる人に秩父の産業、文化を一連の動線の中で伝承していく。

◯ 現状に私はかつての秩父の風景を継承する記憶の結節点となるような建築が必要であると考えた。そこで本設計ではそのような消えゆく秩父の文化に対し街の時間と人々を繋ぐ「長廊」と歴史と風景を繋ぐ「櫓舞台」を設計言語とし、10年、100年単位で街の記憶を繋ぐこれからの秩父の風景のあり方を提案する。

武甲山の風景と重なる街からの景色

展望デッキより武甲山を望む

スラブの重なりによる空間の繋がり

織物産業の歴史を伝える織物銘仙ギャラリー

秩父の伝統文化を発信する中央のイベントスペース

角度を振った屋根と軒下の歩行空間により人々の引き込みと賑わいを生む

中央のスペースでは年間300を超える秩父の祭りなどのイベントなどが行われる

秩父〇〇〇〇〇
GL+5000

イベント〇〇〇〇
GL+2600

〇体験スペース
GL+5800

オープンデッキ
GL+3600

GL+3000

蝶旋状に展開された
活動の場としての動線

〇〇広場
GL+5000

展望室
GL+3500

甲山〇〇〇ラリー

オープンデッキ
GL+3600

展望室から武甲山の風景を望む

〇流広場では観光客向けに秩父の名産品などを売るマルシェが開かれる

蝶旋階段を登っていきながらギャラリーを巡り頂上で武甲山の景色を望む

GL+6000 平面図

0 1　　5　　　10[m]

N

アソシエイトとして暮らす
シティライフの再考

太田 一誠 おおた いっせい
赤松研究室

「コンビニ飯で健康になる（卒制の裏テーマ）」
「3万円（模型の制作費用）」
「家の水道管が壊れて水が使えなくなる（卒制中の事件）」

プログラム：ビル群の再編成
計画敷地：東京都千代田区神田神保町

設計主旨 コロナによって都市は変化した。人々の中には職を失う人も多く、それに伴い「空きテナント」や「レンタルスペース」が増え、都心の雑居ビルは「空洞化」が進んでいる。また従来から続く雑居ビルやマンションはボリュームが積層された建物がほとんどであり、「交じる」ことが考えられていない。そのため、都内での暮らしは職住分離だけでなく、近隣の住民との関係も ↗

1. 暮らしの提案

アソシエーションとして暮らす

ターゲット
- サイト管理者：対象敷地に建つビル群を統括する組織
- アソシエーション（住民）：高齢者、世帯、学生、外国人 など ＋ビジター
- サイト内企業：既存する会社や新規に入る会社
例）印刷業、飲食店、物販店

サイト管理者

サイト内に住む人たちは空いている時にサイト内の事務所や飲食店などで働くことで、給料に加えサイト管理者から暮らしのサポートやサービスを受けることができる。サービスの内容は家賃負担やレンタルスペースの貸し出しなど大きいサービスから小さいサービスまで幅広くある

サイト内企業　　　　　アソシエーション（住民）

テナント紹介ゾーン
サイト内で新しく企業する会社や人々にサイト管理者が紹介するエリア。職種が近いテナントの隣などに配置することで共有スペース内の交流を深くする。

悩みサポートゾーン
住民や会社の悩みを聞くエリア。新しくここに住む人たちの相談を聞くエリアでもある。

アソシエイト仕事紹介ゾーン
住民が空いた時間で働ける場所を紹介してもらうエリア。アルバイトのように会社と契約をするのではなくお手伝いの感覚で仕事を貰いにくる。

4F　サポートエリア

住民がオフィスで働くシーン

都心で交流や人々のつながりを思考する際、「労働」とそれに応じた「対価」を与えることで自動的に住民同士の関係が生まれ、層ごとのつながりがなかった雑居ビルなどにつながりができ始める

2. 動線ダイヤグラム

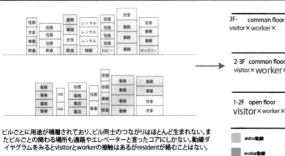

3F- common floor
visitor × worker × resident

2-3F common floor
visitor × worker × resident

1-2F open floor
visitor × worker × resident

visitor動線
worker動線
resident動線

ビルごとに用途が積層されており、ビル同士のつながりはほとんど生まれない。またビルごとの関わる場所も通路やエレベーターと言ったコアにしかない。動線ダイヤグラムをみるとvisitorとworkerの接触はあるがresidentが絡むことはない。

ビルの柱を残しつつ、スラブを隣のビルとつなげることで物理的にビルはつながれる。それに伴いビル内にいる人の動線は交わる場所が増えworkerとresidentの仲が次第に深まり、サイトのコミュニティが従来のビルとは違い時間が経つごとに形成されていく。

㋑ 希薄化されている。

ここで私は希薄化されたビル群の交流を「職」を軸に、交流機会や住民、会社、ビルオーナーの関係像を提案する。また人々の行動に付随する空間をビルのリノベーションに取り入れることで、関係者の移動に使われるコアや通路は路地のように知らない人がすれ違うコモンスペースとなる。このように分割されたビル群が結合されることで交流に重きを置いた暮らしを提案する。

3. 空間ダイヤグラム

つなぐ					回る	寄り道
スラブをつなぐ	活動をつなぐ	入口でつなぐ	土間でつなぐ	内外のつながり	回る	寄り道

見せる			集まる			
見える、少し見える	見せ合う	仕事場を見せる	広場で集まる	ビル下で集まる	空いた場所で集まる	明るい場所に集まる

聞く			伝える			
公園を聞く	悩みを聞く	要件を聞く	隠れて伝える	集まりに伝える	上下で伝える	歩きながら伝える

話合う			積む		のぼる	
レベルを下げる	可動壁	壁を囲む	積まれた場所がアクティビティを生む	多層	建物周辺を登る	ビル周りを登る

流れる		のぞく		
流れ×作業	曲線に沿って流れる	開口からのぞく	上下でのぞく	隙間からのぞく

1F 平面図

赤色に投函、ちょっと一休み
過疎地域における郵便局の可能性

大竹 未紗 おおたけ みさ
山道研究室

「健康一番、ケロロ軍曹（卒制の裏テーマ）」
「bump of chicken "ギルド"（卒制ソング）」
「提出数日前に体調を壊したこと（卒制中の事件）」

プログラム：複合化郵便局
計画敷地：茨城県大子町大子地区

設計主旨 少子高齢化による地方都市の衰退により、さまざまな大手小売業や行政が撤退している中、郵便局はどのようにその地域に存在し役目を果たしていくのだろうか。荷物の配達業務や預貯金、保険の管理などを担うことが基本だが、そんな中、地域との結びつきを強めようと、駅舎と合体して駅の管理も行ったり、工場を併設して地域の雇用を生み出すなど、さまざまな ↗

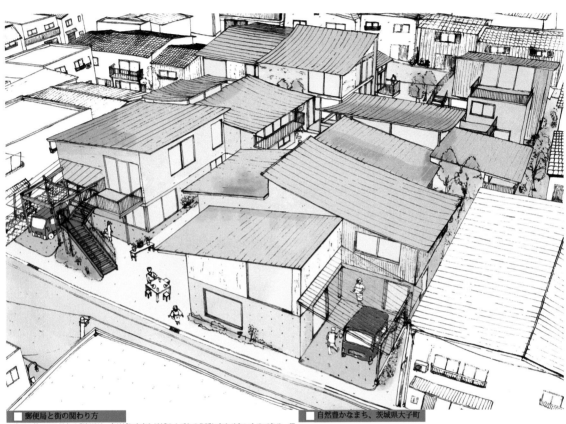

■ 郵便局と街の関わり方

全国で約4000局ある郵便局は、各地域に存在し地域の人びとの生活に欠かせないものである。荷物の配達業務や預貯金、保険の管理などを担うことが基本だが、そんな中地域との結びつきを強めるようと、駅舎と合体して駅の管理をも行ったり、工場を併設して地域の雇用を生み出すなどの取り組みが全国各地の郵便局で広がりつつある。

■ 郵便の持つポテンシャルを応用する

まちうちからの活動が外へと流れている中、地域の食材を扱う直売所や、街の人々も利用できる郵便局の食堂、図書室、商店街の集会場、観光案内所兼歴史資料館を設け、まちにかかわるすべての人々が気兼ねなく寄り添いコミュニティの根源へと変わる、まちの居場所となる複合郵便局を作る。

郵便車という特有のモビリティを活かして、荷物を運ぶという業務に加えて、遠方に住むお年寄りに物資を運ぶ移動食堂や、移動ライブラリー、現地の食材を預かり郵便局で販売するなどモビリティと活動を加えることで地域の循環を促す作用をもたらす。

失われていた地域のネットワークと物資の循環サイクルを新たに組み込むことで、郵便局が将来地域を見守り、地域のために活動し続けることとなる。

■ 自然豊かなまち、茨城県大子町

茨城県北西部に位置する大子町は、山と川に囲まれた豊な土壌を活かした農業と林業、自然観光業を主流とした町で、二つの河川に囲まれた平地を中心とする街並みが形成されている。この中心地は地元ではまちうちと呼ばれ親しまれてはいるが、川を挟んだ国道沿いにスーパーやドラッグストア、道の駅ができると、人々の活動はまちうちから次第に離れてしまっている。近年では町役場もまちうちから離れた場所に新たに作られ、人々の居場所がまちうちから消えつつある現状にある。

数年前の大規模豪雨災害により大きな被害を受け、鉄道架橋の崩落や道路の損傷が激しく復興に時間を要した。そんな災害を忘れないよう伝え続ける努力と、災害をあまり妬むことなく前を向く人々の明るさがこの町にはある。この場所が風化することなく後世に残る町となることを願い、町のコミュニティを繋ぐ居場所と仕組みを考えて行きたい。

➔ 取り組みが全国各地の郵便局で広がりつつある。
この郵便局が地域の輪の中心となる可能性を秘めていることを感じ、郵便局が衰退してゆく地域において通常業務をこなしつつ、各地域において足りない社会資本を見出し、地域のよりどころであり、社会における新たな郵便局のあり方を構築していく。
人口減少が続く地方都市において、町の居場所となり、町の中枢を担う機能を保持することで町の豊かさを維持する、そんな郵便局の提案である。

審査員コメント 郵便局のコミュニティという部分に着目し、これからのあり方を考察する観点はとても共感を覚えます。しかしそれを建築し、プログラムを与えていく中で、郵便局でなければならない理由が明確でなく、説得力に欠けています。地域とのあり方を考察するのであれば、一つひとつのプログラムの提案が、より具体性を帯びた方が良いですね。(津川恵理)

■ Plan Diagram 道を通し街と繋がる

かつての地域ネットワークが形成されていた頃、道と建物のインターフェースに人々の交流が生まれ、賑わいがもたらされていた。その賑わいが失われた今、道ににじみ出る振る舞いを創出する道を通すことで人々が気兼ねなく出入りし、空間体験をする場を作る。

東西に強い街区は、車のための道が整備され人々の活動が溢れ出すことがなく、南北方向に通る道がまた弱いことから、敷地に対して南北に道を通すことで、人々の滞留を促す。

■ Cross-section Diagram 屋根勾配と構造

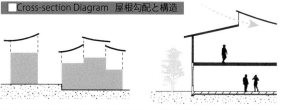

様々な勾配屋根を雁行したプランに対して配置することで、様々な高さを作り出し、ハイサイドによる光を取り入れる。視線の抜けを誘発し、周囲の山々を感じる。

河川の氾濫による浸水被害が想定される南側の1階部分をコンクリート、2階を地元の杉材を用いて建築することで耐久性を保持し、地元建材の活用にもつながる。

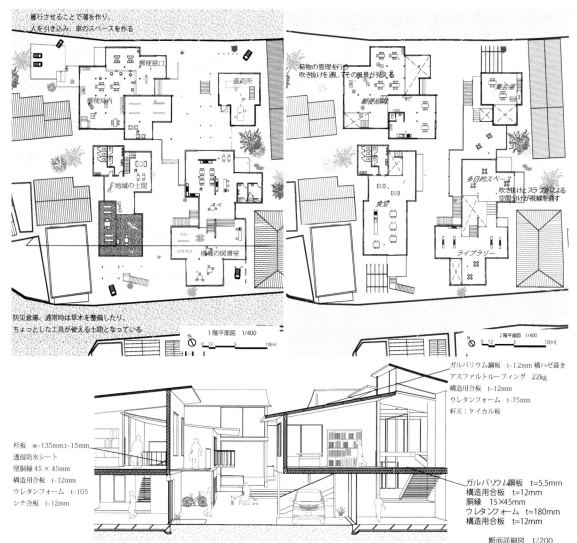

雁行させることで溜を作り、
人を引き込み、車のスペースを作る

郵便窓口

郵便局内

直売所

地域の土間

地域の図書室

防災倉庫、通常時は草木を整備したり、
ちょっとした工具が使える土間となっている

1階平面図 1/400

荷物の管理を行う
吹き抜けを通してその風景が見える

郵便局員

集会場

食堂

多目的スペース

吹き抜けとスラブ差による
空間分けが視線を通す

ライブラリー

2階平面図 1/400

ガルバリウム鋼板　t=1.2mm 横ハゼ葺き
アスファルトルーフィング　22kg
構造用合板　t=12mm
ウレタンフォーム　t=75mm
軒天：ケイカル板

杉板　w=135mm,t=15mm
透湿防水シート
堅胴縁 45×45mm
構造用合板　t=12mm
ウレタンフォーム　t=105
シナ合板　t=12mm

ガルバリウム鋼板　t=5.5mm
構造用合板　t=12mm
胴縁　15×45mm
ウレタンフォーム　t=180mm
構造用合板　t=12mm

断面詳細図　1/200

変遷を辿る神宮外苑
─ 市民参画型プロジェクトルームの提案 ─

小椋 優太 おぐら ゆうた
岩佐研究室

「どこよりも緩い研究室の雰囲気の維持（卒制の裏テーマ）」
「裸足でSummer（卒制ソング）」
「研究室唯一の再提出（卒制中の事件）」

プログラム：インフォメーションセンター
計画敷地：明治神宮外苑

設計主旨 その地には本当に綺麗で高いビルが必要なの
であろうか？ そんな疑問が本提案の敷地「明
治神宮外苑」において今問題となっている。企業主導に
よる再開発は100年かけてつくり上げた風景を消し、新
たに高層の商業施設を計画しているが外苑を愛した市民
反対が相次いでいる。ワークショップや話し合いを通じ
て、これからの外苑のあり方や活用方法の検証を実際 ↗

site1 スポーツ施設×会議室

site2 ギャラリー×情報開示

site3 ショップ×社会実験

⋑ に行うことで本格的な再開発に備えることが新たな再開発の道筋であり、企業と市民、両者にとって最適解が出せる方法であると考える。本計画では「開発計画開示の場」、「一般市民が簡単に体を動かせる場」、「アイディアを実行できる場」の形成を行う。この建築はこれまでの外苑とこれからの外苑のバトンとなるような暫定的な場になっていく。

Background：市民による反対運動

開発計画地では、多くの反対運動が起きている。開発事業はオフィスビルの中で会議や計画が行われ、外苑の開発計画においては開発が行われる直前に情報がネット上にて開示され、市民に向けた説明会も形式上行われたものであり、開発計画の実態はあまり語られなかった。

Diagram：緩衝地帯

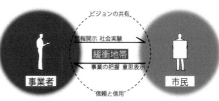

Proposal

既存
現在閉場している第二球場を用いる。慣れ親しんだ球場にコンバージョンを行う。

新築
限られた期間のみの運用より、解体のしやすい鉄骨造を用いる。グリッド状に組み上げていき、事業者・市民ともに活動域を可視化していく。

距離の近い会議室
ブラックボックスと化していた会議室が活動の近くにあることにより、事業者の活動に透明性が生まれる。

パブリックスペース
現在外苑に不足している市民が活動できる場を提供する。開発後にも市民にとって居場所があることを目指す。

情報開示を行うギャラリー
ネットや説明会だけの情報開示だけでなく、現在進行形でどのような計画が行われているのかを確認できる

社会実験
アイディアを実際に実行できる場を作る。外苑における新たな可能性を探っていく。

Plan

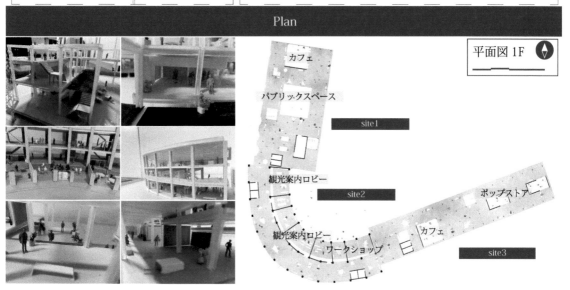

平面図 1F

カフェ
パブリックスペース
site1
観光案内ロビー
site2
観光案内ロビー
ワークショップ
カフェ
ポップストアー
site3

みどりの住まい手を想う
― 土中改善を起点とした住宅の再編 ―

小出 理紗子 こいで りさこ
山道研究室

「目指せ植物博士（卒制の裏テーマ）」
「スーパーガール（卒制ソング）」
「一生終わらない模型づくり（卒制中の事件）」

プログラム： 住宅16戸
計画敷地： 杉並区方南一丁目

設計主旨 私たちは生活の中で生態系の一部である植物による恩恵を受けている。植物は地に根を張り、呼吸して生きるみどりの住まい手であり、私たちはその存在を利用するだけでなく守っていく必要がある。住宅の周りに植物の居場所をつくり、植物と人が影響し合う新たな共生の仕方を提案する。方南一丁目の木密住宅地域の一画を、植物のための地面を増やし、土中を豊かに ↗

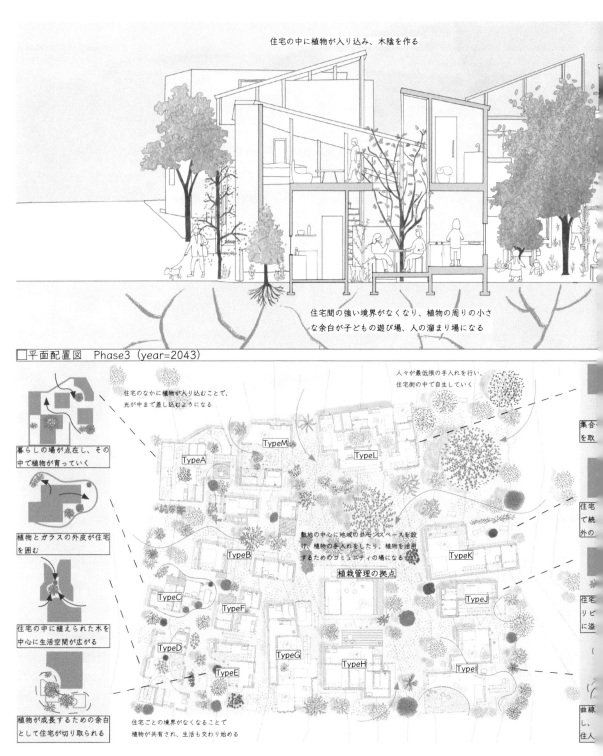

住宅の中に植物が入り込み、木陰を作る

住宅間の強い境界がなくなり、植物の周りの小さな余白が子どもの遊び場、人の溜まり場になる

□平面配置図　Phase3（year=2043）

人々が最低限の手入れを行い、住宅街の中で自生していく

住宅のなかに植物が入り込むことで、光が中まで差し込むようになる

TypeM
TypeL
TypeA

暮らしの場が点在し、その中で植物が育っていく

敷地の中心に地域のコモンスペースを設け、植物の手入れをしたり、植物を活用するためのコミュニティの場になる

TypeB
TypeK

植物とガラスの外皮が住宅を囲む

植栽管理の拠点

TypeC
TypeF
TypeJ

住宅の中に植えられた木を中心に生活空間が広がる

TypeD
TypeG
TypeI

TypeE
TypeH
TypeI

植物が成長するための余白として住宅が切り取られる

住宅ごとの境界がなくなることで植物が共有され、生活も交わり始める

していくことから計画をスタートする。そして住宅の周りに植物が増えるだけでなく、私たちの生活の場の中にも侵食し、その変化を受け入れながら生活するようになる。この場所の住人たちが日常的に最低限の手入れをし、豊かな環境をつくる。植物の自生できる環境ができ、私たちはそをとを身近に感じ季節や光の変化を楽しみながら暮らしていく。そしてやがて植物と人が共に住まう場所が広がっていく。

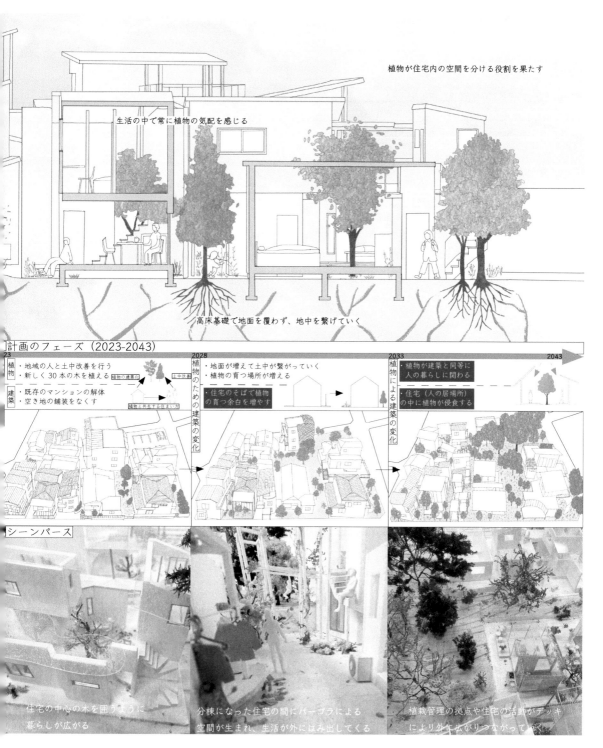

植物が住宅内の空間を分ける役割を果たす

生活の中で常に植物の気配を感じる

高床基礎で地面を覆わず、地中を繋げていく

計画のフェーズ（2023-2043）

植物
- 地域の人と土中改善を行う
- 新しく30本の木を植える

建築
- 既存のマンションの解体
- 空き地の舗装をなくす

植物のための建築の変化
- 地面が増えて土中が繋がっていく
- 植物の育つ場所が増える
- 住宅のそばで植物の育つ余白を増やす

植物による建築の変化
- 植物が建築と同等に人の暮らしに関わる
- 住宅（人の居場所）の中に植物が侵食する

シーンパース

住宅の中心の木を囲うように暮らしが広がる

分棟になった住宅の間にパーゴラによる空間が生まれ、生活が外にはみ出してくる

植栽管理の拠点や住宅の活動がデッキにより外に広がりつながっていく

還の住処
豊洲貯木場跡における共生と資源蘇生

小林 日向子 こばやし ひなこ
小堀研究室

「バラック建築（卒制の裏テーマ）」
「Subtitle（卒制ソング）」
「建スタの隅で孤立（卒制中の事件）」

プログラム： 住宅・マーケット
計画敷地： 東京都江東区豊洲一丁目

設計主旨　水中貯木場としての機能が衰退した豊洲貯木場跡には、その跡として残った柵がかつての記憶を彷彿させる景色を残している。その場所で周辺の資源から建築空間の設計を行い、資源の蘇生、建築との共生を考える。周辺にある3つの資源に着目した。一つ目に廃材や廃船そして敷地に残る柵、二つ目に周辺に残る空き家となった長屋とその文化も資源として捉え、住 ↗

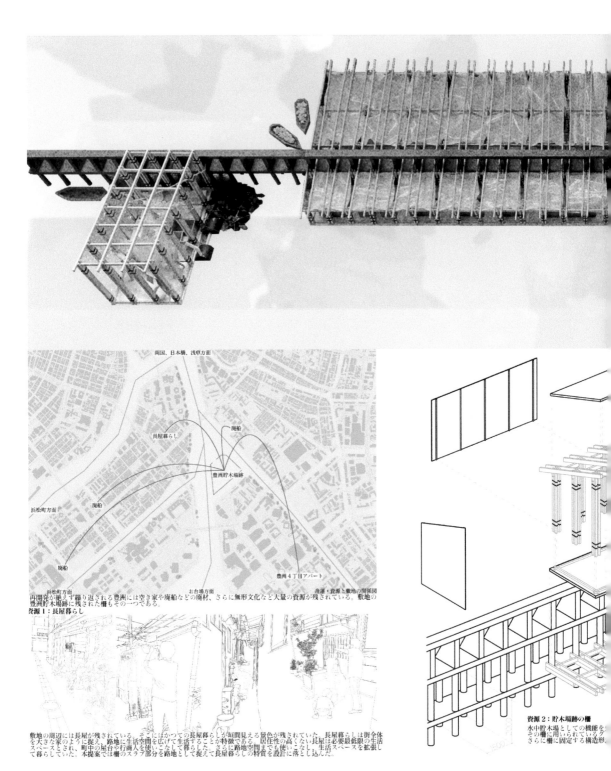

再開発が絶えず繰り返される豊洲には空き家や廃船などの廃材、さらに無形文化など大量の資源が残されている。敷地の豊洲貯木場跡に残された柵もその一つである。

資源1：長屋暮らし

敷地の周辺には長屋が残されている。そこはかつての長屋暮らしが垣間見える景色が残されていた。長屋暮らしは街全体を大きな家のように捉え、路地に生活面を広げて生活することが特徴である。居住性が高くない長屋は必要最低限の生活スペースとされ、町中の屋台や行商人を使いこなして暮らす。さらに路地空間までも暮らし、生活スペースを拡張して暮らしていた。本提案では柵のスラブ部分を路地として捉え長屋暮らしの特質を設計に落とし込んだ。

資源2：貯木場跡の柵

水中貯木場としての機能をその柵に用いられているタグをさらに柵に固定する構造形…

まい方の再考を行う。さらに、この場所には潮の満ち引きという自然資源がある。これらの資源と建築、環境が共生することで、人間が本来していた自然と共に暮らすことを再認識させる住処とそこに住まう人々の縁側の設計を行った。この建築群が敷地の柵全体に広がり、今後大量に発生するであろう廃材の活用と、失われつつある文化、変化し続ける環境と共生していくことを期待する。

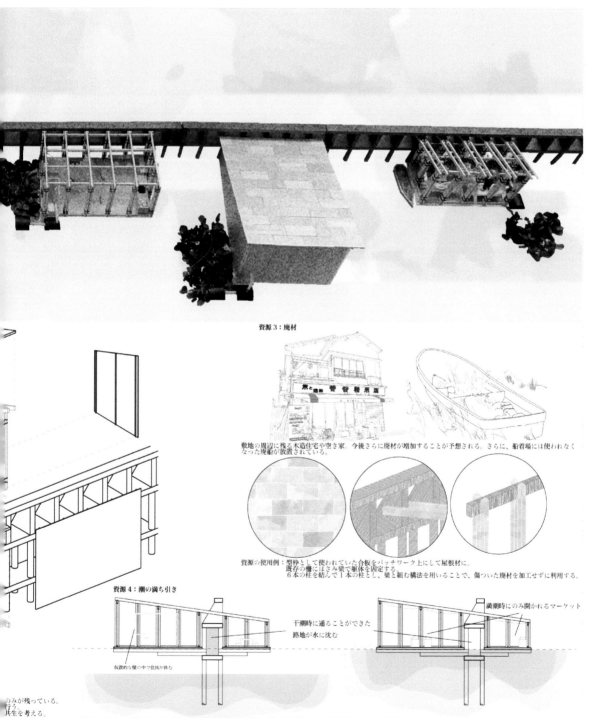

資源3：廃材

敷地の周辺に残る木造住宅や空き家。今後さらに廃材が増加することが予想される。さらに、船着場には使われなくなった廃船が放置されている。

資源の使用例：型枠として使われていた合板をパッチワーク上にして屋根材に。
既存の柵にはさみ梁で躯体を固定する。
6本の柱を結んで1本の柱とし、梁と組む構法を用いることで、傷ついた廃材を加工せずに利用する。

資源4：潮の満ち引き

満潮時にのみ開かれるマーケット

干潮時に通ることができた路地が水に沈む

仮設的な壁の中で住民が休む

のみが残っている。
共生を考える。

海上にあるこの住処では、潮の満ち引きに生活の時間軸を置く。潮の満ち引きによって使い方やアクセス方法が変わる。サーカディアンリズムで動いていた昔の生活に還る。

下町の幹
墨田区緑町における矜持の継承

清水 知徳 (しみず とものり)
小堀研究室

「デスクが近い人に毎回挨拶をすること(卒制の裏テーマ)」
「ゆず／with you(卒制ソング)」
「スケッチブックを紛失したこと(卒制中の事件)」

プログラム： 公共施設
計画敷地： 東京都墨田区緑 松の湯隣接地

設計主旨 | 歴史や伝統、文化を顧みない均質化が進む東京において、100年後の街には何が残っているのだろうか。墨田区緑町において、藍染による産業の循環と松の湯を中心とした文化の循環が根底にある。松の湯は昭和45年から続く昔ながらの銭湯だ。また、近隣の町工場から廃材をもらい、地域の輪を形成することで経営を維持 ↗

街を歩けば高層ビルが立ち並ぶ現代において、都市の文化や歴史は失われていく。
敷地調査を経て、新規居住者と地元住民の二つの軸が緑町には存在し、それは都市構造にも現れていた。
また、緑町には時代の変化に合わせて循環という文化が移り変わっていることに気が付いた。
この「下町の循環」を建築として100年後の東京に残していきたい。

江戸		現代
広重筆による花見で賑わった隅田川	戦後、中小企業の街として発展	現代の墨田区緑町
武家屋敷の街 →	工業地 →	高層ビルが立ち並ぶ

時代の流れと街の変化

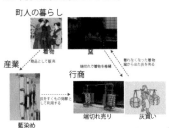

藍染めを中心とした産業の循環

松の湯を中心とした文化の循環

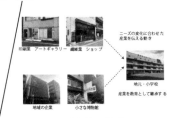

地域へ循環の共有する

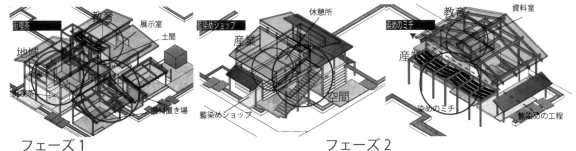

フェーズ1
エネルギーの流れを可視化し、地域に振る舞いを表出する

可視化 | 廃材 → 選別・粉砕 → 焼却 → 変換 → 松の湯

フェーズ2
地域にある産業を絡め、循環の体験と空間化を図る

空間 | 建築 | 産業

⤴ している。消費社会によって土地というしがらみから解放され、郷愁を失った私たちにはこの繋がりが必要であるはずだ。

そこで、フィールドワークから緑町にある要素を分析し、「下町の循環」を再構築し掛け合わせることで人と地域、モノとコトを見直し、幹のように土地に根ざす建築を構成する。そうしてできた建築は枝を伸ばすかのようにその都市の風景となり未来へと成長する。

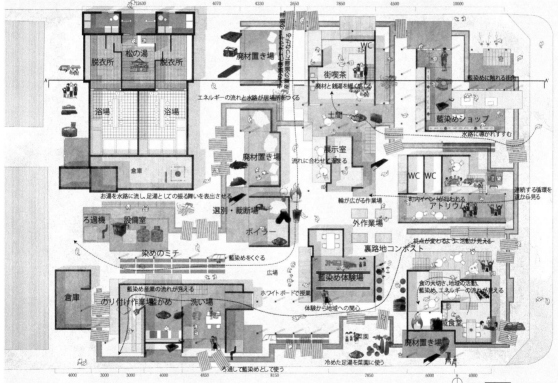

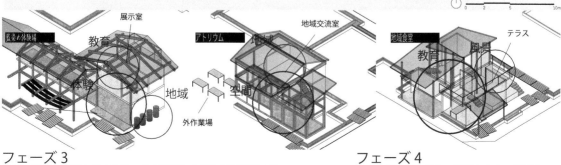

フェーズ3
地域の活動と資源を巻き込み、その建築から風景を再構築する

風景　家庭ごみ　菜園　地域

フェーズ4
教育の場を組み込み、循環を未来へ繋げる

継承　教育

驛（はゆま）の月に詠む

立川 凪穂 たちかわ なぎほ
小堀研究室

「自分を出しきる（卒制の裏テーマ）」
「群青（卒制ソング）」
「学校で財布をなくす（ちゃんと見つかった）（卒制中の事件）」

プログラム：ホーム、カフェ、マルシェ、ワークスペース
計画敷地：世田谷線沿線・乗り換え動線

設計主旨　例えば電車を待つ間、月がきれいだと空を見上げること。情報に埋もれる現代で、我々が感性を研ぎ澄ます瞬間はどれだけあるだろうか。
クリエイティビティを促すそうした瞬間を取り戻すべく、感情と情景を繋ぐ「百人一首」を手がかりに、駅や線路沿いに建築という歌を詠む。歌を詠むように路線の旅に出れば、誰もが小さな画面ではない身の回りの豊かさ ↗

一、失われていく感性

例えば電車を待つ間、月を見上げること。情報に埋もれる現代で、我々が感性を研ぎ澄ます瞬間は失われつつある。今や実用実利に傾いてしまった建築も、本来情緒性を持つものではないだろうか。

そこで、日本人のルーツの一つである 百人一首 に着目する。

百人一首は、感情をそのまま言い表さず、「一旦情景に投影する」ことで叙情性を生み出す歌を多く持つ。

悲しい感情

投影

露に濡れる葉

二、百人一首と電車

百人一首から得た情緒を空間化するにあたり、電車と百人一首に共通点を見出した。

五七五 七七のリズム｜決まったリズムの内で表現する ⟷ 線路・速度を持った電車｜敷かれたレールの上で景色を切り取る

歌枕は旅路の途中で出会った景色が多い ⟷ 目的地ではなく経由地としてのホーム

歌を詠む ⟷ 空間を捉える

> 人間の 内と外 を繋ぐ百人一首の情緒性を用いれば、
> 我々の感性に訴えかける「真の情緒を持った空間」
> が生まれるのではないだろうか。

三、敷地

全十駅中、三軒茶屋駅・山下駅・下高井戸駅の三駅が大きな路線との交点を持つ。
この三駅は速度が速く都心へ繋がる働きの路線から速度のゆっくりとした暮らしの路線へ乗り換えるターニングポイントである。

敷地は都心にありながらも人との距離が近い **世田谷線**

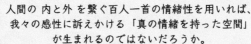

都心の住宅地の間を縫う

8割が改札なしの無人駅

地域性豊か

四、提案

百人一首各首の情緒性を空間化するため、情趣のきっかけとなるものを洗い出し、三段階を経て建築化していく。

五七五七七の三一文字で詠まれる百人一首の解釈は自由である。各首の情緒性を生んでいるものを私の感性でダイアグラムに起こす。

奥山に紅葉ふみわけ鳴く鹿の声きく時ぞ秋は悲しき

↓

（紅葉をふむ音をきく）

「紅葉を踏む音が聞こえる」ことが情緒のきっかけであると解釈。

①タイポロジー

タイポロジーをヒントに、フォリー…明確な用途のない建物として空間化する。

②フォリー

見えない足元。音を聴いて状態を把握する。

×

用途のない空間

31コ

沿線上にばらまく

③歌枕

視界が遮られた建物の裏で音に耳を澄ます

用途を持った建物の裏に表れた空間化の手法を取り入れに。

×

用途を持った空間

3駅

三軒茶屋駅×マーケット
山下駅×カフェ
下高井戸駅×ワークスペース

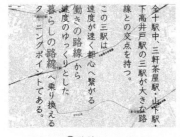

に気がつくだろう。そして、都市という場所においても、そこに建築がなかった時よりその環境を感じさせる建築が、本来自然と密接であった我々日本人の感性を刺激していくのではないだろうか。

審査員コメント 百人一首というのは少し唐突な気はするものの、風景を見て詩を浮かべるというポエジーは人間として自然なことであり、とてもいい着眼点だと思いました。電車から見える風景や現代都市に感性を落とし込もうとする姿勢は面白いです。ただ、「百人一首」と言って機械的に論理立ててしまうことにもったいなさを感じました。（藤原徹平）

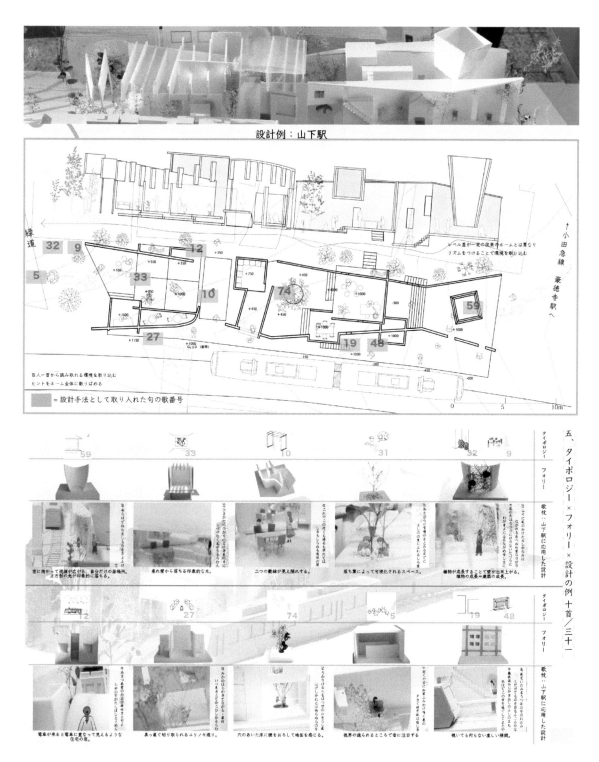

設計例：山下駅

五、タイポロジー×フォリー×設計の例　十首／三十一

共育が生む循環
― 都市計画区域における犬猫保護施設の提案 ―

豊嶋 春乃 とよしま はるの
赤松研究室

「黄色が好き！（卒制の裏テーマ）」
「subtitle（卒制ソング）」
「梱包泣きながら三回直す…（卒制中の事件）」

プログラム： 動物愛護センター
計画敷地： 小平市玉川上水駅周辺

設計主旨　動物愛護センターの約9割が都市計画区域外に位置している。多くの人に訪れてもらいたい施設であるにも関わらず、実際にはどこにあるのかもわからない人が多いのではないだろうか。迷惑施設として認識されるため、都市計画区域での建物を避けられやすいという背景がある。本提案では、犬猫保護施設をあえて都市計画区域内に置くことを敷地提案とする。そし↗

■B.配置ダイアグラム　なじみやすい機能を拡大拡張する

地域に開放されてる交流の場は施設の中に収まりうまく使われずにいる。

→

住宅地に置いたときに周りとの差ができてしまいなじめない。

→

地域となじみやすい機能を拡大し、外へと拡張する。施設外へと広がっていく。

コアからなじみやすい機能を分散させる。
その時に元々の面積よりも大幅に大きくし、その機能単体で利用できるよう加えていった。

コア	なじみやすい
犬猫を保護するうえで必要不可欠な機能	地域にもともと開放している機能
＋	＋
職員の拠点	開放できるポテンシャルを持つ場所
・犬舎 ・猫舎 ・検査系の部屋 ・事務室系	・子供に対する動物愛護教育のイベント ・動物に関する本が置いてある所 ・情報を展示する場所 ・イベント会場 ・ボランティア活動拠点 ・馴化する仕組み

■C.つなげる遊歩道　断面図　遊歩道が都市を縫うように

テラス　相談室　廊下　トイレ　事務室　廊下　犬舎　負傷動物　廊下　負傷

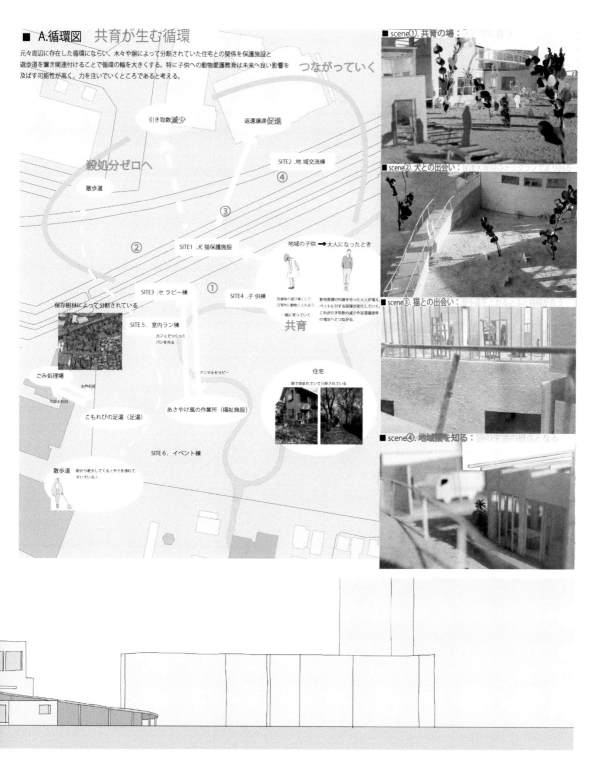

◪ て住宅と施設内の機能との関連性をもとに配置計画を行い、住宅街に落とし込むために形を変化させた犬猫保護施設を設計した。

テーマとしては良いけれど、人と動物の関係が切れているように感じます。また実際には、理想的な動物だけではなくて盲目、難聴などさまざまな動物がいるはずです。預かった後に、人に慣れるようトレーニングをして渡してあげるという動物保護から譲渡までのプログラムが、建物の形にもっと織り込まれてくると現実味が出てくると思います。（藤原徹平）

■ A.循環図　共育が生む循環

元々周辺に存在した循環にならい、木々や塀によって分断されていた住宅との関係を保護施設と遊歩道を置き関連付けることで循環の輪を大きくする。特に子供への動物愛護教育は未来へ良い影響を及ぼす可能性が高く、力を注いでいくところであると考える。

つながっていく

引き取数減少　　返還譲渡促進

殺処分ゼロへ

散歩道

SITE2 .地域交流棟
④

③

② SITE1 .犬猫保護施設

地域の子供　➡　大人になったとき

SITE3 .セラピー棟 ①
SITE4 .子供棟

保存樹林によって分断されている

共育

SITE 5．室内ラン棟
カフェでつくったパンを売る

ごみ処理場

アニマルセラピー

住宅
塀で囲まれていて分断されている

こもれびの足湯（足湯）

あさやけ風の作業所（福祉施設）

SITE 6．イベント棟

散歩道　駅から散歩してくる人や犬を連れて歩いている人

■ scene①．共育の場：

■ scene②．犬との出会い：

■ scene③．猫との出会い：

■ scene④．地域猫を知る：猫の生活の拠点となる

まもり、あい
路地的思考が生み出す児童養護空間

橋本 龍弥 はしもと りゅうや
赤松研究室

「徹夜しない（卒制の裏テーマ）」
「Good Luck!/SixTONES（卒制ソング）」
「指いっぱい切った（卒制中の事件）」

プログラム： 児童養護施設
計画敷地： 東京都足立区北千住

設計主旨　施設の不透明化により、退所後も、正社員雇用率や就学率が低かったり、支援が充実してなかったりと貧困のループに陥ることが多い児童養護施設。また、職員との摩擦や心に闇を抱えた子供同士による被害も多くなっている。このような背景から、児童養護施設では「地域に開く」と方針が出されている中で、私は、子供たちが護られながら、家族や町との関係を紡ぎ、⤵

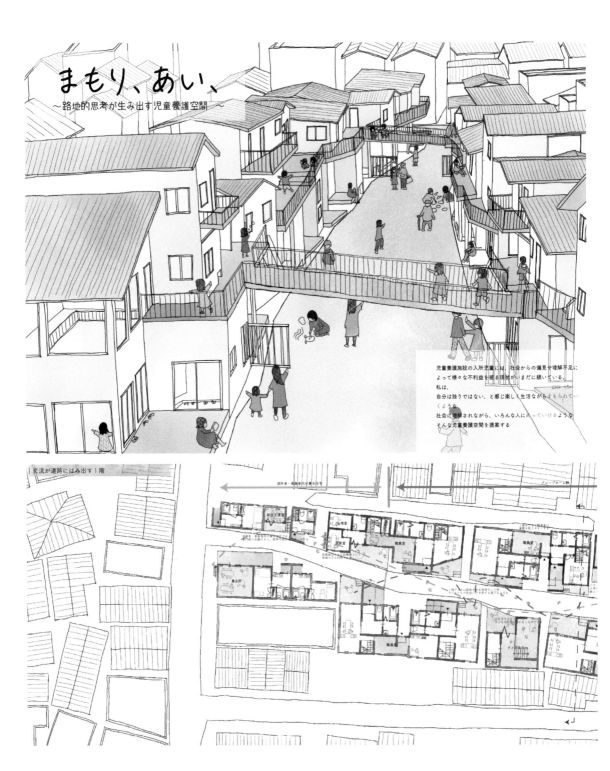

⊃ 帰ってくる場所として存在するような新しい施設のかたちを提案する。北千住の路地に子供たちの遊びが溢れ出すような風景を描く。子供たちを守る緩衝空間、見守りゲートを設け、見る見られるという護り合い、「あわい」に伴う段階的な成長と選択肢を与える。この路地的な児童擁護空間では、他者との交流を選択性を持って行うことができ、段階的に社会に進出することができる。

057

終わりの狭間にて
変化を受け入れる住宅の構想

疋田 雅治 (ひきだ まさはる)

山道研究室

「八割のこだわりと二割の妥協(卒制の裏テーマ)」
「決戦スピリット(卒制ソング)」
「提出5日前まで設計修正(卒制中の事件)」

プログラム：住宅モデル
計画敷地：東京都品川区北品川二丁目

設計主旨　建物を長期保存し、環境への負荷を抑える目的でストック型社会へ移行する動向が見られる。しかし、人口減少社会に直面している日本において、建築物をストックする在り方は正しいのだろうか。こと住宅においては、時間の流れの中で生じる変化に適応できない箱に過ぎない。人だけでなく植物や建築物にも成長と老いがあり、人だけでなく環境も不変である住宅に ⤴

ストック型社会と人口減少社会

ストック型社会を見据え建築の長期維持をする動向が見られる現代社会。街中に点在する空家や廃屋などを見ると、ただ保存するだけに終わっている建築も少なくない。人口減少社会に向かっている今において、ストック型社会への移行は正しいのだろうか。

リノベーションに変わるリサイズという提案

現代の住宅は住む人が使い続ける生活の場所であると同時に、時間の流れの中で生じる変化に適応できない箱にすぎない。人だけでなく、植物や構造体にも成長や老いがある。人も環境も不変である住宅にて、変化に適応する住宅モデル「リサイズ」を構想する。

序

一、蛇行する空白

死んだ裏口、閉じられた外壁、人々の路への関心が少なく閉鎖空間となっている住人だけの居場所。そんな路には魅力が詰まっており、窓や扉から振る舞いや生活が溢れ出す空間である。建築ではなく路から始まる余白のリサイズ。

二、隣人へのお裾分け

大人になれば生活は拡大し、高齢になれば生活は縮小する。木密ならではの住宅の隙間逆手に、外壁を貫通させることで部屋の拡大縮小が行われる共有のリサイズ。

破

五、人々は上へ上へと目指し登りゆく

柱と梁があれば成立する櫓は、上へ上へと人々を導いてくれる。単調な造りであるからこそ解築が進んだ住宅の構造と相性がいい。次第にまとわりつくように櫓は成長し、住宅が構造物に負ける拡大のリサイズ。

六、大きな屋根の木組みの下で

路に対する余白を増幅させるために路の空白を立体的に削っていくことで生まれた余白空間。住宅屋根の延長面に、躯体が印象的な木組みをかけることで新しい居場所となる余白のリサイズ。

急

九、木の腐朽、鉄の腐食

木造住宅の寿命は30年。鉄筋コンクリート住宅の寿命は70年。木造住宅の長寿命化を目的にするのではなく、住宅が住人の齢とともに歩むことのできるように、弱った部分を一時的に補強できるように鉄骨で補強する。材の腐敗と補完が交錯するツギハギのリサイズ。

十、リノベーションのちリサイズ

空き家を木工加工場へとリノベーションして利活用する。時が進むと職と距離ができるために規模の縮退を図り100か0のリノベーションではなく100から0への過程が感じられる物理的な縮小のリサイズ。

Phase0　現在の世界

高齢化地域と木密地域

Phase1　5年後の世界

建築デザイナーの介入とリノベーション

⊙て、変化に適応する住宅の構想「リサイズ」を構想する。生活がひしめき合っていながら無秩序な再開発がされている木密地域にて、リサイズを導入することで、加速度的に変化する小説的な変化が見られることを想定し、住人に寄り添った建築を目指す。その住民たちの人生の歩みとともに住宅が変容する新しい住宅モデルを創造する。

紡ぎあってほつれあっていく小説的展開

木密住宅地は高齢化や老朽化により社会から負の遺産として取り扱われ、無秩序な開発がされている。生活がひしめき合っている木密は、時間の流れとともに互いに干渉しあって断絶しあっている。リサイズを取り入れることでそれは、論理的に起こりうる小説的な変化が見られるようになり、住人に寄り添った建築となる。

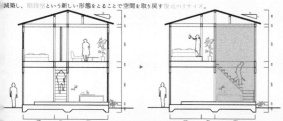

ケーススタディとして

リサイズにおいて、その場所でしかできないような提案をしなければならない。細やかに住民情報を設定し、ケーススタディ的に設計を進める。今回は東京都品川区にある木造密集住宅地を敷地とし、小説の三幕構成である序破急になぞらえた5年後、20年後、40年後の三段階で考えうる姿を創造する。

三、木密の階段と向き合う

密接小住宅と急勾配階段には切っても切れない縁がある。間取りは単一になり、動線は悪化する。壁体を減築し、階段室という新しい形態をとることで空間を取り戻す復元のリサイズ。

四、かいぐぐる横軸、垣間見える縦軸

住民の路が賑やかになればなるほど、住宅の隙間や住宅越しに垣間見える景色に差を感じられる。時代とともに徐々に解けゆく表と裏の関係性は、住人にしか感じられない融和のリサイズ。

七、たった1.2m、されど1.2m

1.2mの住宅の隙間と言える路。減築や余白の増幅によって拡張され、人々が滞留する衝動となる路。モノや住宅の個が無造作に引き出され衝突しあうことで路でなくなる食帯。そこはモノとでひしめき合った物が見られる路主体のリサイズ。

八、廃材として終わらせない

住民の不在による減築の手法と櫓や大屋根などの構造物の増築の手法が混在する。従来の方法論では、廃材の放棄と将来への廃材の増幅を意味する。新材を使うことなく、減築によって生じる廃材を利活用しながら、増築される構造物が構築されていく還元のリサイズ。

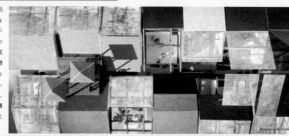

十一、自然の理へと還す

建を残して地面を元させた簡易的な庭空間を作る。住民が亡くなっても建築は腐ることなく成長し、自然の摂理に従うように障壁となる壁体は外し、くっつく軸組は残り建築は腐り自然へと返還する半動的なリサイズ。

十二、余白の先の余剰へと

縮小のリサイズの規模が大きくなることで、居心地のいい余白空間は使われない余剰空間へと変わる。無造作にモノが溢れ、人の居場所から生物の居場所へと転換させる余剰のリサイズ。

Phase2　20年後の世界

若者の高齢化と解築の始まり

Phase3　40年後の世界

果樹ノ郷、衣食住を彩る
― 共選所から拓く果物産業の次代 ―

樋口 詩織 ひぐち しおり

小堀研究室

「休憩タイムに地元のお菓子を食べる（卒制の裏テーマ）」
「しわくちゃな雲を抱いて／DISH//（卒制ソング）」
「Gクリ難民（卒制中の事件）」

プログラム： 新しいかたちの共選所
計画敷地： 山梨県山梨市北

設計主旨 私の故郷・山梨は、桃や葡萄をはじめとするフルーツの名産地である。しかし近年、その果樹農業は衰退傾向にあり、農風景も失われつつある。それに対し危機感を持ち、フルーツ産業について研究すると、選果施設「共選所」が生産と消費をつなぐ、産業において欠かせない施設であることが見えた。コンベアが建物内に巡らされ、果物を運搬しながら選果していく。こ

フルーツのまち峡東地域

山梨県峡東地域は、古くから桃
近い共選所があり、その中の一…
敷地周辺は、桃畑と葡萄畑が坊
南へ向かうと幹線道路につなが

山 山梨東

民家

コンベアを軸に空間を緩やかに仕切り、地域に開かれた人のための空間を創出する

農業廃棄物を回収

葡萄棚
建物と混在させ、周辺の風景と木漏れ日が差す棚下空間は、内外・半内外と緩やかなグラデーションを生む

トラックに詰め込み

果物をトラックに積む作業員と

のコンベアを軸として空間を緩やかに仕切り、図書館など人のための空間を創出し、共選所を地域に開いていく。また、「果物は食べるもの」という固定観念から脱却し、味・色・香りに分解し、果物に随した産業が入り込めるよう、ワークショップ空間を設ける。新たに生まれ変わった果物が、まちにのびたコンベアによって運ばれ、まちの衣食住を彩る。この新しい共選所を拠点に、地域とフルーツ産業をつなぎ直し、まちの日常をフルーツで彩ることで、果樹農業と風景を次世代へと継承していく。

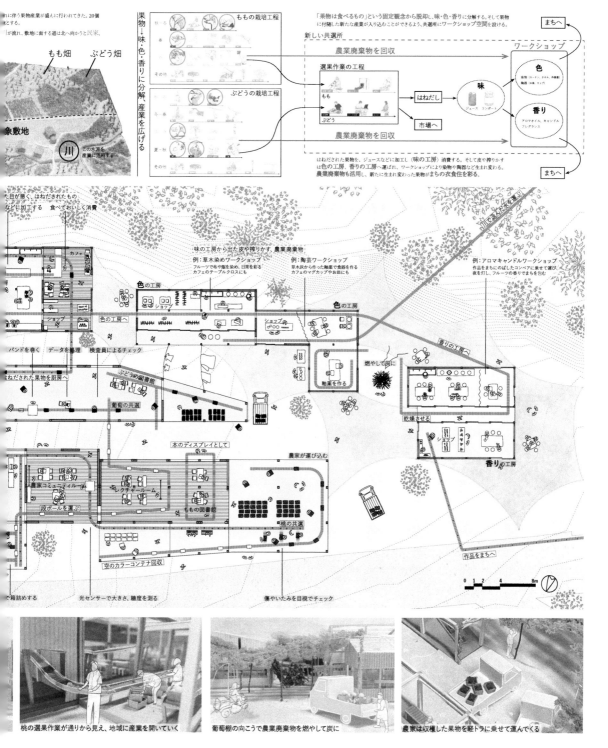

桃の選果作業が通りから見え、地域に産業を開いていく

葡萄棚の向こうで農業廃棄物を燃やして炭に

農家は収穫した果物を軽トラに乗せて運んでくる

とまりぎのとんぼ
── 印刷工房を中心とした水辺のにぎわい拠点 ──

福田 美里 ふくだ みさと

小堀研究室

「家から出ること（卒制の裏テーマ）」
「NewJeans 'OMG'（卒制ソング）」
「Airpodsをなくしたこと（卒制中の事件）」

プログラム：多目的建築
計画敷地：東京都墨田区千歳町

設計主旨　トンボとは、印刷物をつくる一連の流れを行う人々にとって、とても大事な共通の目印だ。この建築も人々の共通の目印となり、蜻蛉が木に止まって羽を休めるように、人々がふらっと立ち寄り、思い思いに過ごすことのできる建築となることを目指す。

近年、町工場の淘汰が進んでいる。

印刷業もその一つだ。町工場のほとんどが下請け企業 ⑦

1F PLAN

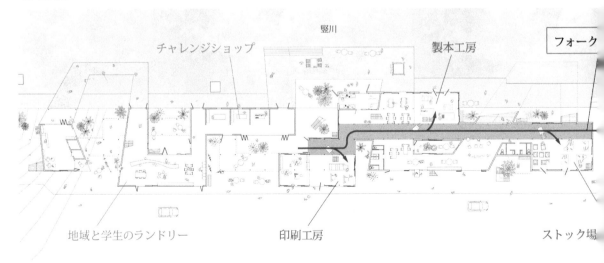

竪川

チャレンジショップ

製本工房

フォーク

地域と学生のランドリー

印刷工房

ストック場

であり、閉じたコミュニティのなかで仕事が行われている。小さな工場から、大きな工場へと仕事が流れているなか、町工場の未来の形とは何なのか。

町工場の人々、地元の人々、転入者、今まで交わらなかった人々の接点空間を設け、新しい出会いが起きるような町のにぎわい拠点を設計する。

■ 水辺を引き込む設計手法

堅川

東西に橋がかかる交差点沿いの細長い敷地

印刷物の工程である、印刷→製本→ストックの流れに沿って、3つのブロックで構成された工場チューブを配置する

工場チューブを取り込むように水辺に向かって、賑わいのチューブを挿入させる交わった空間は、食堂やホールなど、人々の接点空間となる

■ 性格の異なるさまざまな隙間

2つのチューブが交差することでできた多くのすきまは、休憩所、遊び場、つどいの場、一人で過ごせる場など、訪れた人々にそれぞれにあった場所となる。

■ レベルの異なる水辺のデッキ

1.そらのデッキ

2.つどいのデッキ

3.あそびのデッキ

1.風と水を感じられる親水空間
2.最も広いつどいのデッキでは、さまざまな活動を引き起こす
3.水辺のアクティビティーを行える

食景
商店街における食育風景

藤野 晟伍 ふじの せいご

山道研究室

「お手伝いさんと仲良くやる（卒制の裏テーマ）」
「閃光 ［Alexandros］（卒制ソング）」
「初手コロナ（卒制中の事件）」

プログラム： 食堂／貯蔵庫・シェアキッチン
計画敷地： 東京都杉並区阿佐ヶ谷

設計主旨　フードロスに対して私たちは見て見ぬ振りをしている。関わり学んでいく必要があると考える。杉並では廃棄されてしまう食べ物を区民センターに集め福祉施設に寄付するフードドライブ活動が行われているが住民に認識されていない。そこで杉並区阿佐ヶ谷パールセンター商店街にて廃棄されてしまう食べ物を集め利活用していく風景を提案する。歩行者天国の商店街で ↗

---

01 背景 ―見て見ぬふりのフードロス―

現代社会がもたらしたフードロスを私達は見て見ぬふりをしている。当事者である私たちが関わり学んでいくことが必要であるのではないだろうか。本提案では多世代に向けた食育建築を考える。

02 敷地 ―東京都杉並区阿佐ヶ谷パールセンター商店街―

可視化されていないフードドライブ活動

杉並区は区の活動として廃棄される食品を家庭から集め、子ども食堂や福祉施設に供給するフードドライブ活動が行われてい。収集場所が区民センターであることが認識されていない。杉並区阿佐ヶ谷にあるパールセンター商店街は 700 メートルの長街と隣接しつつ、JR 阿佐ヶ谷駅から東京メトロ南阿佐ヶ谷駅をつなぐ。付近には学校や保育施設が多く、地域の人の生活圏と

食景 － 商店街における食育風景 －

---

05 site1 ―地域の小商プレイヤーを生み出す籠ステーション―

用途

ダイアグラム

籠ステーション＋シェアキッチン
テイクアウトできるお店が付近に多く、隣り合う店舗が雑貨店、背後に畑がある敷地に、小商を起こす籠拠点を設計した。

列柱による籠空間
列柱空間を作り、籠と自転車が自由に配置される空間を作る。また斜め梁を入れることで籠がはまる空間を作り出した。

籠の振る舞い

平面図 1:400

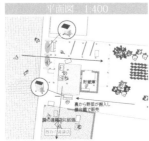

斜め梁と籠
斜め梁にはまるように配置し、場を生む。

列柱空間
列柱空間により奥行きをつくる。

06 site 2 ―地域の小商プレイヤーを生み出す籠ステーション―

用途

ダイアグラム

子ども食堂＋食堂＋惣菜店
子供の通学路に面する場所にまたがって配置し、商店街に対して開かれた場として設計した。

土間による展開
土間によってカゴの経路を建築の中に挿入する。キッチンの周りや貯蔵庫の周りに食の振る舞いが起こる。

断面 1:1000

籠の振る舞い

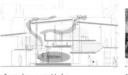

食の匂いの共有
中央にキッチンを配置し、吹き抜けとウインドキャッチャーによって、食の匂いを共有する。

階段籠
街路にはみ出しておきファサードを構成する。

縁側との接続
縁側など小上がりと接続し、飲食空間を生む。

⊿ 見られる籠に注目し、食を集め、振る舞いを拡張させていくエレメントとして新たに十二個設計した。商店街の三つの敷地を選定し新築で貯蔵庫＋αで機能を付与させて行った。籠が700mに渡る商店街を行き交い、食が集まっていく風景と食べる様子や新たに小商を始める風景が重なっていくことが、食育風景としてフードロスに対して意識を向けていくきっかけになるのではないだろうか。

案 ―籠による食のシェアによる可視化―

街に散見される籠の抽出

商店街の歩行者天国により路上で良く見られる籠。これを商店街から食を集める装置として12個設計する。また食の振る舞いを拡張・可視化するものとして作り替える。

との接続と時間軸による変遷

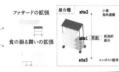

食を運ぶエレメントである籠が建築と接続し、街に食の流れを可視化していく。テンポラリーに機能を変え、商店街を横断し振る舞いを広げる。

04 手法 ―12個の籠の設計―

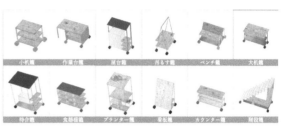

2F 平面図 1:400

1F 平面図 1:400

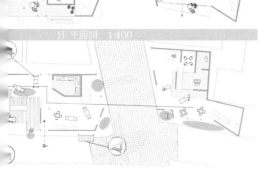

07 site3 ―商店街の食の掲示板―

用途

ダイアグラム

籠ステーション＋料理教室

三つのスーパーに囲まれた敷地。近隣の主婦もカゴを用いて食を集める。料理教室で食を学び地域の掲示板として設計した。

屋根のずれによる籠空間

屋根のずれによって、外部空間に複数の小さな庇空間が生まれ、そこにカゴが取りついていく。また重なっていく屋根が路地に奥行きを作っていく。

籠の振る舞い

平面図 1:400

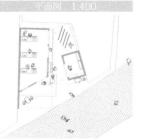

屋根につく籠

はみ出した屋根に籠が取り付きファサードを増幅させる。

窓との接続

窓と机かごが接続し、外へ振る舞いを拡張する。

併遷の行方
大江宏・乃木会館における建て継ぎ型保存拡張

松本 真哉 まつもと しんや
山道研究室

「誰よりもきれいなデスク（卒制の裏テーマ）」
「Beautiful / Superfly（卒制ソング）」
「提出前日の終電で寝過ごし、極寒の中を1時間歩いた。（卒制中の事件）」

プログラム：披露宴会場、SOHO付住宅
計画敷地：東京都港区赤坂8丁目

設計主旨　今なお残る街区建築の"これから"を考える。乃木会館（1968、大江宏）の隣地高層オフィスビルをSOHO付住宅に建て替え、平日使われていない披露宴会場をワークプレイスや生活の場として転用する。隣り合う建築が既存ストックの使いこなしを促し空間の稼働時間を最大化することで、床面積を低減しながら稼働率を維持向上する。

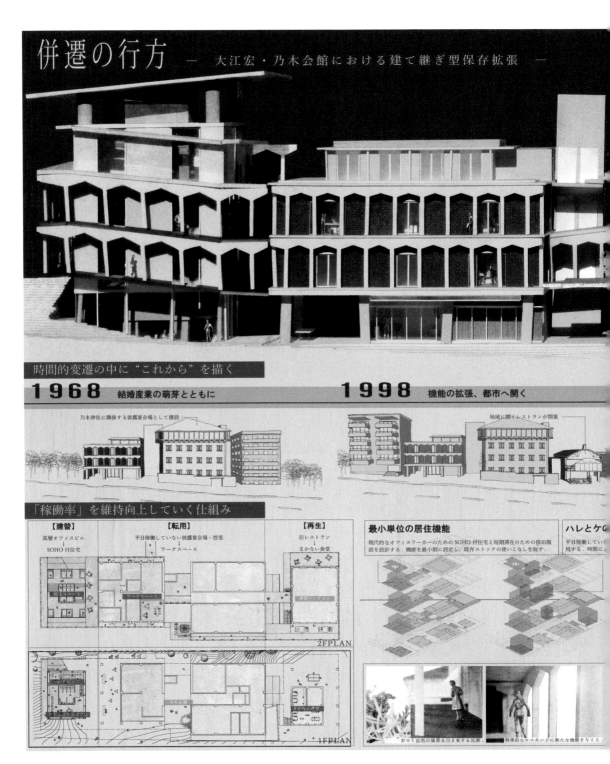

❼ 新旧の機能をつなぐファサード部は既存建築の意匠的エッセンスを抽出し、構成や素材の継承と更新が街並みを再編していく。
大江宏『混在併存』の思想のもと紡がれてきた乃木会館の時間的変遷。その先に描かれる古い建築と新しい建築の緊張関係は、都市に新たな営みと風景を創出する。それはまさに時を超えた『混在併存』の新しい姿と言えるのではないか。

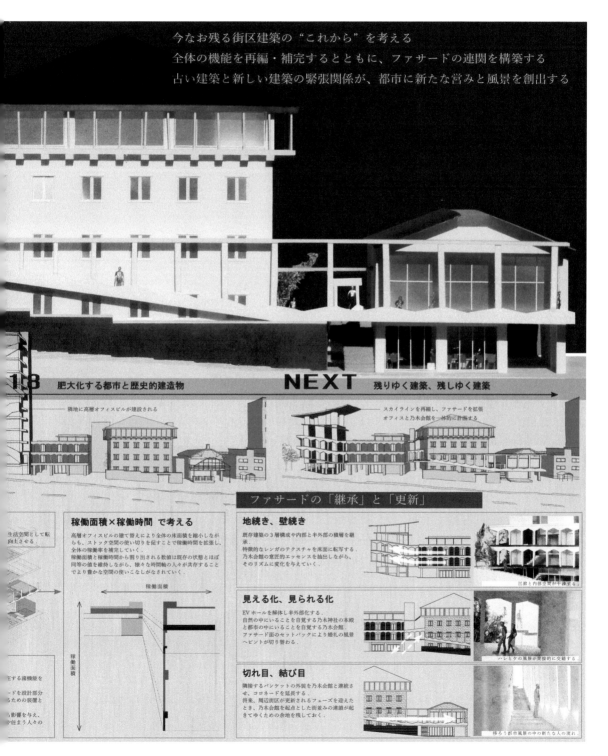

今なお残る街区建築の"これから"を考える
全体の機能を再編・補完するとともに、ファサードの連関を構築する
古い建築と新しい建築の緊張関係が、都市に新たな営みと風景を創出する

18 肥大化する都市と歴史的建造物　　**NEXT**　残りゆく建築、残しゆく建築

隣地に高層オフィスビルが建設される

スカイラインを再編し、ファサードを拡張オフィスと乃木会館を一体的に計画する

ファサードの「継承」と「更新」

稼働面積×稼働時間 で考える
高層オフィスビルの建て替えにより全体の床面積を縮小しながらも、ストック空間の使い切りを促すことで稼働時間を拡張し、全体の稼働率を補完していく。
稼働面積と稼働時間から割り出される数値は既存の状態とほぼ同等の値を維持しながら、様々な時間軸の人々が共存することでより豊かな空間の使いこなしがなされていく。

稼働面積

稼働面積

地続き、壁続き
既存建築の3層構成や内部と半外部の積層を継承。
特徴的なレンガのテクスチャを床面に転写する乃木会館の意匠的エッセンスを抽出しながら、そのリズムに変化を与えていく。

見える化、見られる化
EVホールを解体し半外部化する。
自然の中にいることを自覚する乃木神社の本殿と都市の中にいることを自覚する乃木会館。
ファサード面のセットバックにより婚礼の風景へピントが切り替わる。

切れ目、結び目
隣接するバンケットの外装を乃木会館と連続させ、コロネードを延長する。
将来、周辺街区が更新されるフェーズを迎えたとき、乃木会館を起点とした街並みの連続が起きてゆくための余地を残しておく。

心象の渦

三浦 泰輔 みうら たいすけ

小堀研究室

「ちゃんと寝る（卒制の裏テーマ）」
「サカナクションの映画（卒制ソング）」
「模型にエルボードロップ（卒制中の事件）」

プログラム：戦争資料保存館
計画敷地：東京都墨田区隅田公園

設計主旨　あなたは戦争について考えたことがあるだろうか。実は戦争は我々の一部である。先の第二次世界大戦は日本国民が総動員された前代未聞の出来事であり、人々の心に大きな傷を残した。そしてこの時代を生きた人々の精神を受け継いでいるのが我々の世代であり、戦争の記憶を後世へと紡いでいく義務があるのだ。しかし、現代の日本ではその流れに逆行する様な動き ↗

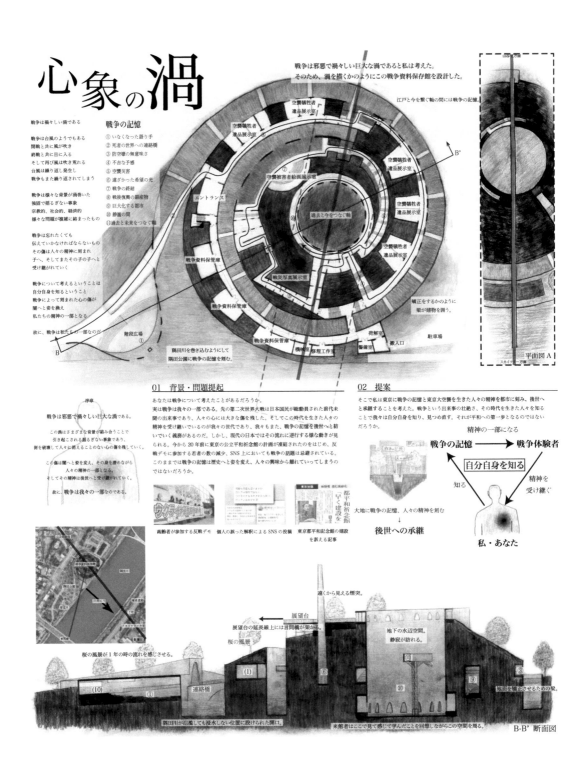

心象の渦

戦争は邪悪で禍々しい巨大な渦であると私は考えた。
そのため、渦を描くかのようにこの戦争資料保存館を設計した。

江戸と今を繋ぐ軸の間には戦争の記憶。

矯正をするかのように梁が建物を囲う。

隅田川を巻き込むようにして隅田公園に戦争の記憶を刻む。

平面図 A

戦争の記憶
① いなくなった語り手
② 死者の世界への連絡橋
③ 防空壕の無意味さ
④ 不吉な予感
⑤ 空襲災害
⑥ 遠ざかった希望の光
⑦ 戦争の終結
⑧ 戦後復興の願望物
⑨ 巨大化する都市
⑩ 静謐の間
⑪ 過去と未来をつなぐ軸

戦争は禍々しい渦である

戦争は台風のようでもある
開戦と共に風が吹き
終戦と共に目に入る
そして再び風は吹き荒れる
台風は繰り返し発生し
戦争もまた繰り返されてしまう

戦争は様々な背景が渦巻いた
強固で揺るぎない事象
宗教的、社会的、経済的
様々な問題が複雑に絡まったもの

戦争は忘れたくても
伝えていかなければならないもの
その傷は人々の精神に刻まれ
子へ、そしてまたその子の子へと
受け継がれていく

戦争について考えるということは
自分自身を知るということ
戦争によって刻まれた心の傷が
闇へと姿を換え
私たちの精神の一部となる

故に、戦争は私たちの一部なのだ

序章
戦争は邪悪で禍々しい巨大な渦である。

この渦はさまざまな背景が絡み合うことで
引き起こされる揺るぎない事象であり、
街を破壊して人々を消えることのない心の傷を残していく。

この傷は闇へと姿を変え、その身を潜めながら
人々の精神の一部となる。
そしてその精神は後世へと受け継がれていく。
故に、戦争は我々の一部なのである。

01　背景・問題提起

あなたは戦争について考えたことがあるだろうか。実は戦争は我々の一部である。先の第二次世界大戦は日本国民が総動員された前代未聞の出来事であり、人々の心には大きな傷を残した。そしてこの時代を生きた人々の精神を受け継いでいるのが我々の世代であり、我々もまた、戦争の記憶を後世へと紡いでいく義務があるのだ。しかし、現代の日本ではその流れに逆行する様な動きが見られる。今から20年前に東京の公立平和祈念館の計画が凍結されたのをはじめ、反戦デモに参加する若者の数の減少、SNS上においても戦争の話題は過剰されている。このままでは戦争の記憶は歴史へと姿を変え、人々の興味から離れていってしまうのではないだろうか。

高齢者が参加する反戦デモ

個人の誤った解釈によるSNSの投稿

東京都平和祈念館の建設を訴える記事

02　提案

そこで私は東京に戦争の記憶と東京大空襲を生きた人々の精神を都市に刻み、後世へと承継することを考えた。戦争という出来事の壮絶さ、その時代を生きた人々を知ることで我々は自分自身を知り、見つめ直す。それが平和への第一歩となるのではないだろうか。

戦争の記憶　→　戦争体験者

精神の一部になる

自分自身を知る

知る　精神を受け継ぐ

大地に戦争の記憶、人々の精神を刻む

後世への承継

私・あなた

遠くから見える煙突。

展望台

展望台の延長線上には百間橋が架かる。

桜の風景

地下の水辺空間。
静寂が訪れる。

桜の風景が1年の時の流れを感じさせる。

隅田川が氾濫しても浸水しない位置に設けられた開口。

来館者はここで見て感じて学んだことを回想しながらこの空間を周る。

地面を矯正させるための梁。

B-B' 断面図

⦿が見られる。20年前の東京の公立平和記念館の計画の凍結を皮切りに、反戦デモに参加する若者の減少、SNS上では戦争の話題は忌避されている。このままでは戦争の記憶は歴史へと姿を変え、人々の興味から離れてしまうのではないだろうか。そこで私は東京に戦争の記憶と東京大空襲を生きた人々の精神を都市に刻み、後世へと承継することを考えた。戦争の壮絶さ、その時代を生きた人々を知ることで我々は自分自身を知り、見つめ直す。それが平和への第一歩になるのではないだろうか。

03　建築形態

戦争の記憶を承継する場所として、浅草・隅田公園における戦争の記憶、隅田公園の持つ空間コンテクストや日本人の風習的な空間コンテクスト、そして戦時中の人々の心情や戦争の抽象表現を空間に落とし込み、再構築することでこの建物に都市における戦争の記憶の保存装置としての役割を持たせた。そしてこの建物は戦争の記憶、その時代を生きた人々に想いを馳せる心象の地として遠い先の未来までこの地に残り続けるであろう。

焼夷弾によって焼き尽くされた下町

隅田川の川岸に打ち上げられた遺体

隅田公園に仮埋葬された遺体

大火から逃れようと言問橋から川に飛び込む人々

都市の巨大化

暗渠化されてしまった山谷堀

隅田川の汚染

浅草・隅田公園の記憶

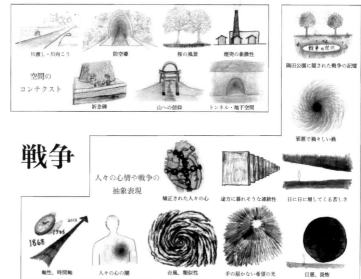

空間のコンテクスト

川渡し・川向こう／防空壕／桜の風景／煙突の象徴性／祈念碑／山への信仰／トンネル・地下空間

隅田公園に隠された戦争の記憶

邪悪で禍々しい渦

戦争

人々の心情や戦争の抽象表現

矯正された人々の心／途方に暮れそうな連続性／日に日に増してくる苦しさ

軸性、時間軸／人々の心の闇／台風、類似性／手の届かない希望の光／巨悪、恐怖

04　空間構成

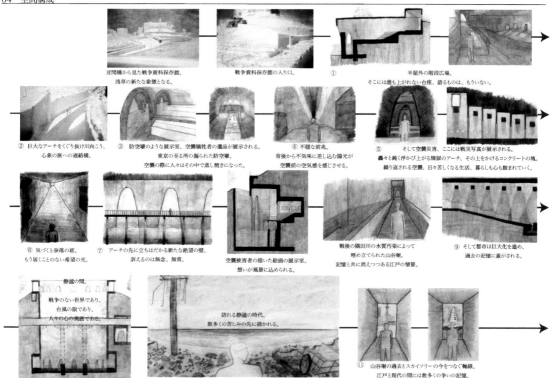

言問橋から見た戦争資料保存館。
浅草の新たな象徴となる。

戦争資料保存館の入り口。

①

半屋外の階段広場。
そこには誰も上がれない台座、語るものは、もういない。

② 巨大なアーチをくぐり抜け川向こう、
心象の旅への連絡橋。

③ 防空壕のような展示室、空襲犠牲者の遺品が展示される。
東京の至る所の掘られた防空壕。
空襲の際に人々はその中で蒸し焼きになった。

④ 不穏な所光。
背後から不気味に差し込む陽光が
空襲前の空気感を感じさせる。

⑤ そして空襲災害、ここには震災写真が展示される。
轟々と鈍々浮かび上がる煉獄のアーチ、その上をかけるコンクリートの塊。
繰り返される空襲、日々苦しくなる生活、暮らしも心も蝕まれていく。

⑥ 気づくと奈落の底。
もう届くことのない希望の光。

⑦ アーチの先に立ちはだかる新たな絶望の壁。
訴えるのは無念、無常。

空襲被害者の描いた絵画の展示室。
想いが風景に込められる。

戦後の隅田川の水質汚染によって
埋め立てられた山谷堀。
記憶と共に消えつつある江戸の情景。

⑨ そして都市は巨大化を進め、
過去の記憶に蓋がされる。

静謐の間。
戦争のない世界であり、
台風の眼であり、
人々の心の奥底である。

訪れる静謐の時代、
数多くの苦しみの先に描かれる。

⑪ 山谷堀の過去とスカイツリーの今をつなぐ軸線。
江戸と現代の間には数多くの争いの記憶。

源光寺山
甲府盆地に重畳する自坊の提案

三浦 希允　みうら まれすけ
赤松研究室

「体調悪くならないようにカップ麺は食べない（卒制の裏テーマ）」
「Flare (milet) （卒制ソング）」
「ゼミ長に鼓舞されてほんとに泣きそうになった（卒制中の事件）」

プログラム： 寺院
計画敷地： 山梨県甲府市上石田2丁目 源光寺

設計主旨 時代の遷移に伴って、寺院に対する考え方は悪い方へと変化してしまったように感じる。現代において寺院に行くといえば、お墓参りや法要といった先祖の供養がほとんどではないだろうか。しかし、寺院とは本来、仏教を信仰するもの自身が救われるためにある。また、寺離れや無宗教と考える人が増加している時代を、私たち若い僧侶は乗り越えなければならない。↗

山をつくり、仏の通り道を可視化

浄土宗における軸は西

西（極楽浄土）

南　卍　北

東

西方極楽浄土

本堂から極楽浄土までを
空間を結んで繋げる

仏の門

仏の間

本堂

山を登るように
仏教を体や心で感じる

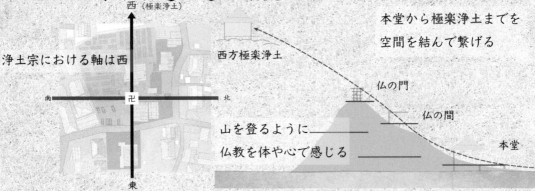

自分の居場所となる墓地と墓参り

灯篭型の墓地で墓石とは異なり、風景の一部となる

灯篭内にある位牌を祭壇に設置すると完成する移動式の墓参り

本提案では、後世まで仏教を継承していくために、実家である源光寺を用いて、日本仏教の先駆けとなる寺院を設計する。それは、山のような寺院をつくり、甲府のまちからでも寺院に対して拝むことのできるような、私たちの心に仏の心を思い出させる自坊を計画するというものである。

寺院という場所が、人々にとっての心の拠り所となり、自分のためにあると感じられるようになることを願う。

境内、まちから見る風景

空中庭園にある灯篭型墓地

空中庭園で仏教と向き合う

仏がくつろぐ仏の間で拝む

極楽浄土へと仏が通る仏の門

自分と向き合う功徳の間

庭園の一部に墓地が現れる

縁側には人々が足を止める

上へ上へと続いていく参道

西方極楽浄土

人々と仏がそれぞれの空間を過ごすことのできる設計である。その二つの存在を繋いでいるのが僧侶である。僧侶は人々と仏が共存するための架け橋となる。

仏の門

祭壇

仏の間

300000

本堂

郊外のパースペクティヴ
横浜市郊外住宅地再生計画

宮澤 諒 みやざわ りょう

赤松研究室

「研究室が仲良いまま卒制走り抜ける（卒制の裏テーマ）」
「Drawing!(Lucky Kilimanjaro)（卒制ソング）」
「カビたポットで謎の病気蔓延した事件（卒制中の事件）」

プログラム：ケア＋コミュニティコア
計画敷地：神奈川県横浜市栄区上郷ネオポリス

設計主旨 本設計は郊外住宅地における地域再生手法の提案である。高度経済成長期に一斉整備された住宅地には核家族と分譲制を前提とした空間が設えられた。しかし、開発から半世紀を経て生活様式が変化すると、この住宅地は人間的な活動を欠いた鬪無き住空間へと変化する。加えて本設計敷地では高齢化に伴い老人ホームの計画を進めている。しかしそれは本質的問題 ⤴

01 郊外への眼差し
1-1 世界の中に共生する＝テーブルを囲む

02 計画の意義
2-1 20世紀的な生活を強制する住宅
2-2 活動が取り除かれた世界
2-3 活動的地域資源図解
2-4 エリアに対して地域資源のネットワークを支える拠点を関連する

03 郊外の諸問題について
3-1 site_上郷ネオポリス
3-3 20世紀的空間の再生産

04 共通生活を再編する
4-1 都市鳥瞰パース

05 多元的に街を捉える
5-1 まちの観察

06 テーブルみたいな建築
6-1 設計
6-2 平面図
地域とケアをつなぐコミュニティコア
6-3 鳥瞰パース
6-4 平面図

㋐ 解決の先送りであり、20世紀的空間の再生産にすぎないと考える。そこで老人ホームに代わるコミュニティコアの計画を中心とした地域再生計画を提案する。

まちを観察すると途方もなく繰り返される、まちの調整作業のような小さな活動の連続に強度を感じる。このような繰り返される生活に強度を見出し、観察し、どこまでを建築的問題として引き入れるのか。活動の観察と連続の先に描かれる建築はテーブルのように人々の間に位置し、人々を結びつけると同時に分離させる。

審査員コメント　スケールというのは建築的思考の特徴の一つだと思います。「どこでも同じ街並み」というように郊外を均質的に捉えるのではなくて、すでにある街に根付いているいろいろな振る舞いやアクティビティに、スケールという建築的思考を用いながら形を与えていくという操作は、建築ならではの郊外への切り込み方として興味深かったです。（南後由和）

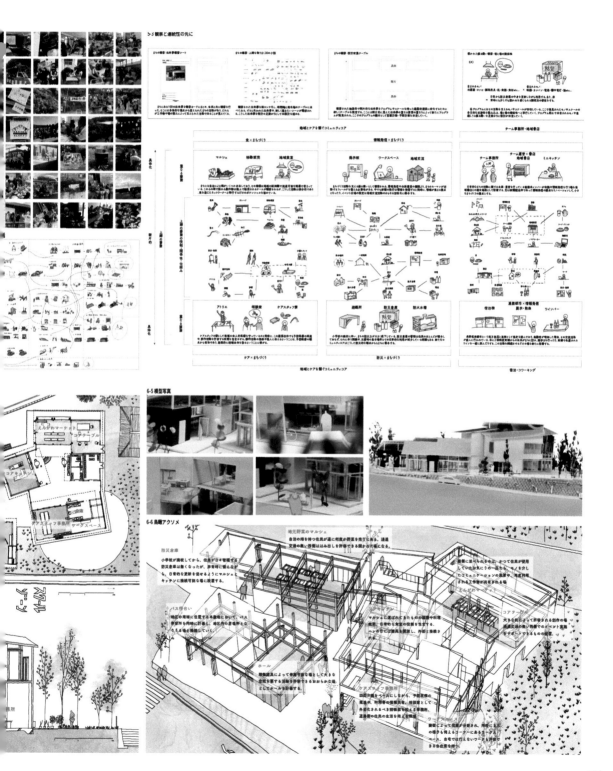

町、会い

僻地から習う分散型医療の提案

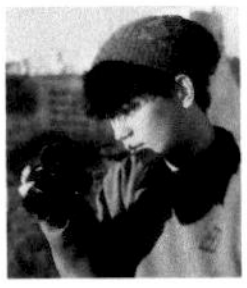

宮本 滉平 みやもと こうへい

山道研究室

「徹夜無し健康生活(卒制の裏テーマ)」

「SIGN/FLOW(卒制ソング)」

「昼飯置いてかれた(卒制中の事件)」

プログラム: 在宅医療空間

計画敷地: 三重県南伊勢町相賀浦

設計主旨 近年の感染症対策や高齢化問題に向けてこれからの医療はより身近なものとして必要とされ、それと同時に医療空間のあり方も変容していくと考える。今日では在宅医療を希望する人々も増え、医療の形が一つの施設に集約していくものに対して、自宅に訪問看護や在宅介護というような分散させていく医療が必要である。

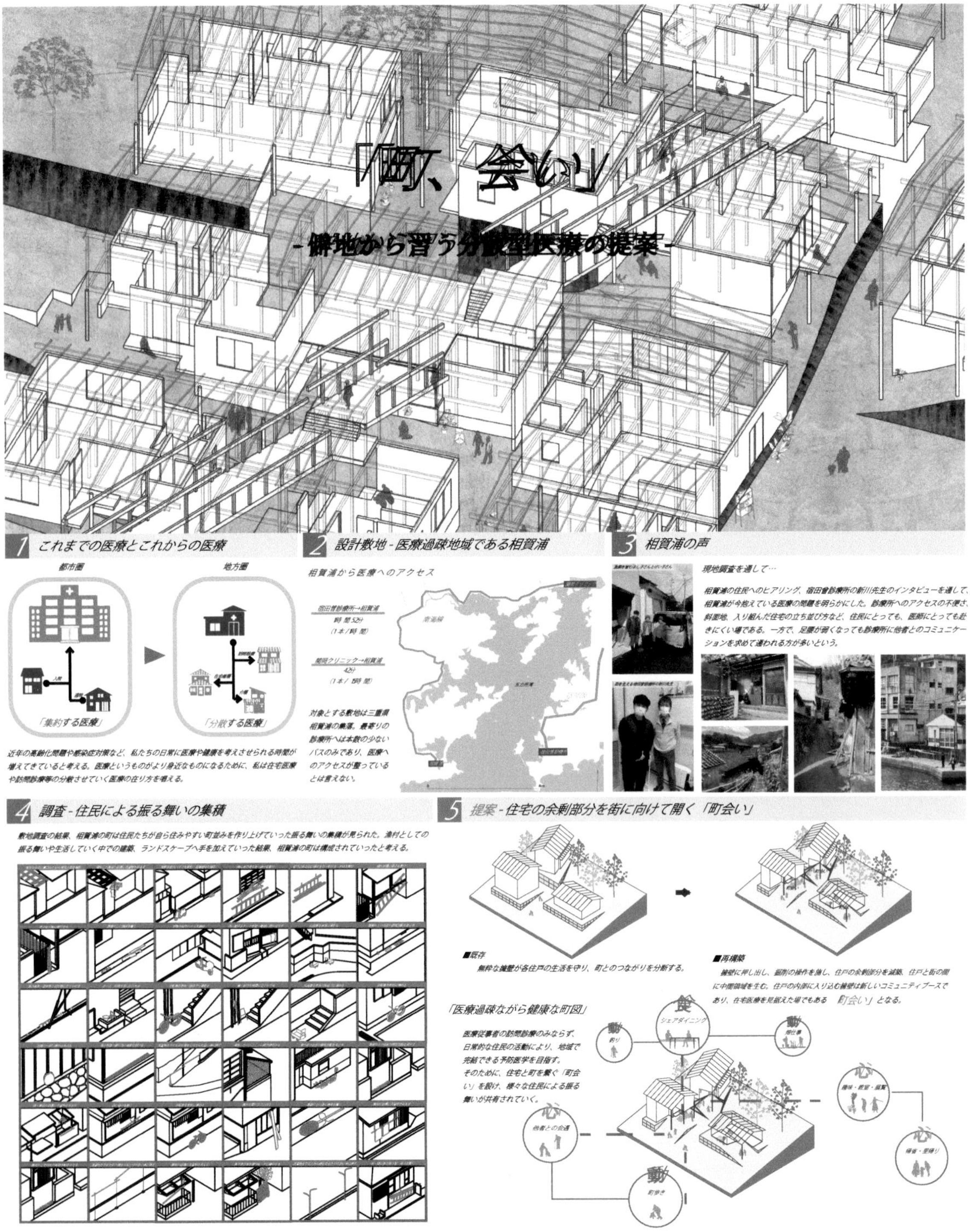

「町、会い」
-僻地から習う分散型医療の提案-
1 これまでの医療とこれからの医療
都市圏
地方圏
「集約する医療」
「分散する医療」
近年の高齢化問題や感染症対策など、私たちの日常に医療や健康を考えさせられる時間が増えてきていると考える。医療というものがより身近なものになるために、私は在宅医療や訪問診療等の分散させていく医療の在り方を唱える。
2 設計敷地 - 医療過疎地域である相賀浦
相賀浦から医療へのアクセス
宿田曽診療所→相賀浦
時間52分
(1本/時間)
間佰クリニック→相賀浦
42分
(1本/8時間)
南海線
五ヵ所湾
対象とする敷地は三重県相賀浦の集落。最寄りの診療所へは本数の少ないバスのみであり、医療へのアクセスが整っているとは言えない。
3 相賀浦の声
現地調査を通して…
相賀浦の住民へのヒアリング、宿田曽診療所の新川先生のインタビューを通して、相賀浦が今抱えている医療の問題を明らかにした。診療所へのアクセスの不便さ、斜面地、入り組んだ住宅の立ち並び方など、住民にとっても、医師にとっても赴きにくい場である。一方で、足腰が弱くなっても診療所に他者とのコミュニケーションを求めて通われる方が多いという。
4 調査 - 住民による振る舞いの集積
敷地調査の結果、相賀浦の町は住民たちが自ら住みやすい町並みを作り上げていった振る舞いの集積が見られた。漁村としての振る舞いや生活していく中での建築、ランドスケープへ手を加えていった結果、相賀浦の町は構成されていったと考える。
5 提案 - 住宅の余剰部分を街に向けて開く「町会い」
■既存
無粋な擁壁が各住戸の生活を守り、町とのつながりを分断する。
■再構築
擁壁に押し出し、掘削の操作を施し、住戸の余剰部分を減築、住戸と街の間に中間領域を生む。住戸の内部に入り込む擁壁は新しいコミュニティブースであり、在宅医療を見据えた場でもある「町会い」となる。
「医療過疎ながら健康な町図」
医療従事者の訪問診療のみならず、日常的な住民の活動により、地域で完結できる予防医学を目指す。
そのために、住宅と町を繋ぐ「町会い」を設け、様々な住民による振る舞いが共有されていく。
食
シェアダイニング
動
釣り
動
畑仕事
心
他者との会遇
動
町歩き
心
趣味・教室・展覧
心
帰省・里帰り

⊿ 既存の土木的なスケールの擁壁を、自然のスロープのように地形に合わせて掘削し、ヒューマンスケールに再構成。余剰となった居室等をステンレス鋼材で補剛しながら減築し、町に向けて開いていくことで「町と会う場『町会い』」を設ける。
「町会い」にて住民たちの日常的な振る舞いが付加・共有される場として、仮に介護が必要になった際でも「町会い」にて地域で看取り合いながら互助していく関係性を目指す。

審査員コメント 僻地の医療のあり方はこれから大きなテーマとして取り上げられてくるものなので、良いテーマだと思います。ただ、二階部分の改築などここまで大規模である必要があるのか疑問が残る点もあります。救急車のアクセスなど実際の緊急時における問題を機能的に解決するために、まちのスケールだけではなく、機能性と都市性を絡めたものとして平面を具体的に詰めていくとより良くなると思いました。（藤原徹平）

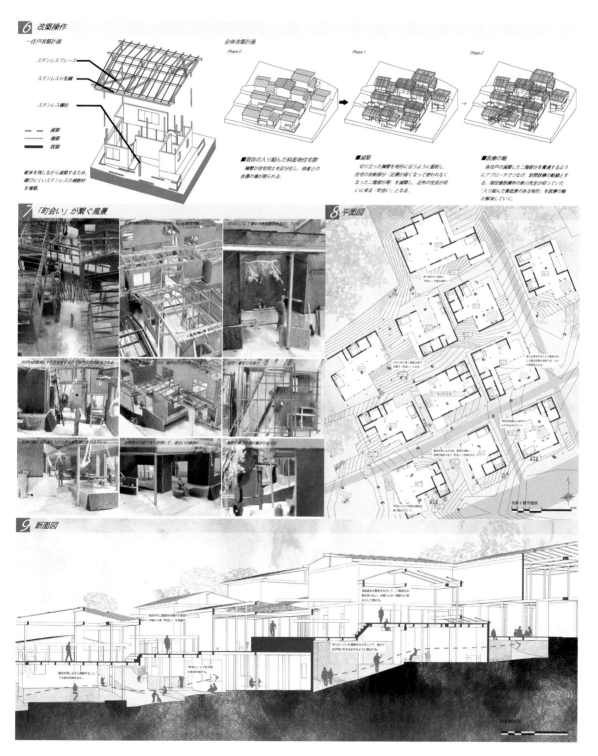

築く風景
―町に溶け込む、これからの神輿産業の在り方

山道 祐輝 やまみち ゆうき
赤松研究室

「野菜生活（卒制の裏テーマ）」
「いつか -Saucy Dog-（卒制ソング）」
「ポットを電子レンジの中に入れようとしてる奴いた（卒制中の事件）」

プログラム：神輿製作所を町中に点在させる
計画敷地：千葉県市川市 行徳街道

設計主旨 "神輿の町" 行徳では、江戸時代より神輿づくりが地場産業として栄え、現在もその技術が伝承され続けている。行徳街道は宿場町として発達し、多くの人やモノが行き交った地であることから、手仕事を持った職人が多く町に滞在していた。その頃は作業場が行徳街道に面するように位置し、地域にも開かれていた。作業の様子や神輿の材料が緩やかに町の中に溶け込 ⤵

---

01 背景

神輿産業の現在

普段お祭りに使用される神輿は、職人達が一つ一つの部材を手仕事で製作している。
形態は様々存在しているが、主に2つのパターンに分けられる。

それぞれの作業を業者が分担して行い、最後に組み合わせていく形態

一つの工場の中で一貫して作業を行っていく形態

これらの形態は職人の中での循環に留まり、技術を継承していくにあたり一つの問題点であると言える。

02 コンテクスト

建築に残される手仕事技術

現在廃業してしまった浅子神輿店の当時の風景。
作業場が前面に配置されていることで、その製作の様子、材料の溢れ出し、作業の音が町の風景として刻まれていた。

手仕事産業が発達するにつれ、その技術が建築自体に残されている風景が見て取れる。旧神輿店の外壁、町屋・旧病院のむくり屋根には装飾として彫刻が施されており、風景として技術を残すという行徳の町としてのポテンシャルが隠れている。

---

03 提案

a. 町に職人の動きを可視化させる

工程を町の中に点在させることで生まれる建物の外観や外部空間との繋がり。
職人の使う道具や材料が溢れてくる、物を運ぶ、その途中で話し合いをする、細かな動作によって外部空間と内部空間の境目をなくしていく。

作業を見せる

地域の人との対話

台車で物を運ぶ

外部での組み立て・解体

一時的に道具を外に置く

空地での話し合い

b. 手仕事が築く町のネットワーク s=1/5000

神輿製作が町中で行われることによって、神輿の材料倉庫や工芸品製作したもののギャラリーなど、町の空地や駐車場の一角などに建てられていく。
ハレの日は、そこが神輿の休憩場所となったり、神輿巡行の鑑賞空間となったりと、手仕事によって緩やかなネットワークを構築していく。

□ 現存する町屋　■ 設計箇所

⤷ み、建物にもその手仕事技術の痕跡が残されているが、それらは現在、地域の人たちから忘れ去られてしまっている。もう一度、行徳街道に繁栄をもたらすことによって、神輿や祭りだけではなく、手仕事技術自体に目を向けることができるのではないだろうか。新たに神輿製作所を町に設計し、そこに地域の居場所となる空間を挿入していく。そうすることで宿場町のような、さまざまなモノが行き交う町を築き上げていく。

04 設計手法
神輿作業場を町屋スケールへと落とし込む

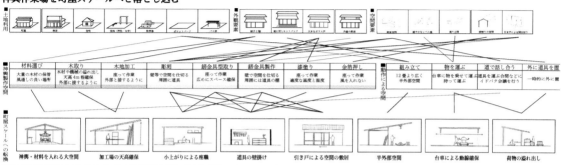

05 A-A` 断面図 s=1/400
＋α空間による新たな繋がり

06 平面図 s=1/400

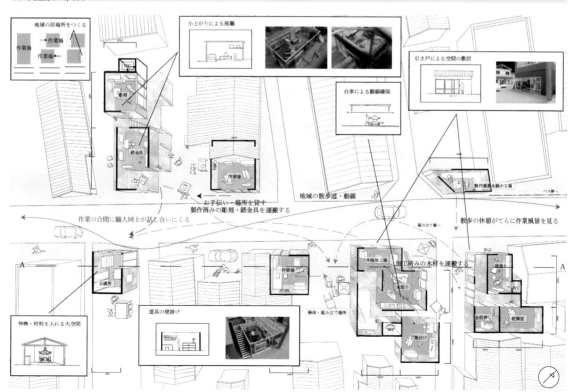

巡る生命線
酪農が根付く邑の福祉

吉冨 裕香　よしとみ えりか

山道研究室

「たくさんのお菓子を用意するお菓子会（卒制の裏テーマ）」
「ステキなうた/JUDY AND MARY（卒制ソング）」
「IL15本も買った美味しくないお水の消費（卒制中の事件）」

プログラム：　農業・酪農拠点＋福祉施設
計画敷地：　静岡県田方郡函南町丹那

設計主旨　日常と切り離されているケアを身近に感じるための「在町福祉」を提案する。敷地は酪農が根付く邑一丹那。特徴である円環状の道沿いを巡るモビリティを導入し、道に沿った4つのモビリティ拠点を設計する。拠点はこの地に馴染みのある酪農や農業の場と、この地に不足する福祉機能の場を併せ持つ。邑に馴染みのある酪農に関する機能を1階部分や道沿いに設ける 🐄

---

01. あるべきケアの風景

□切り離されたケア
現在の福祉施設は地域との接点のない、日常と切り離されたものである。ケアを日常の中でもっと身近に感じるにはどうすればよいのか。

□気にかける関係性
ケア（CARE）の意味の一つである「気にかける」に注目する。私はまちの人やそこでの産業などと関わりつつ、「気にかける」が伝播する町一体の暮らし方一在町福祉を建築から考える。

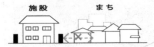

施設　　まち

02. 対象敷地：酪農のある邑−丹那

静岡県田方郡函南町丹那。
邑にある円環状の道が特徴。

町からの入り口　　N　牛舎

□豊かな外部空間

住宅に付随する軒下空間　　作り加える

機能のある小屋　　もので溢れる

□邑の巡る循環
邑には、必要施設や交通手段が存在しない。一方ここで生産される乳製品は県東部のホテルやスーパー、学校、病院へ出荷されている。この循環は邑を豊かにするサイクル、つまり生命線になるのではないか。

〈邑の外へ〉　●工場
ホテル
スーパー
学校
病院

円環状の道−邑の生命線

Site4：集会所　　Site3：食による関わり
Site2：体を動かす交流
Site1：邑の玄関

---

03. 提案：生命線を巡るモビリティ拠点

□モビリティと4つの拠点建築
邑の生命線にモビリティを巡らせ、円環状の道沿いに4箇所のモビリティ拠点を提案する。

□邑のエレメント
邑特有のエレメントを抽出し「気にかける」空間を構成する。

表出　　機能の分離

混在　　受容　　屋外の滞留　　付加

連続　　牛舎スケール　　屋外の滞留　　拡張

滞留の工夫　　もので境界を作る

04. 提案：巡るモビリティ

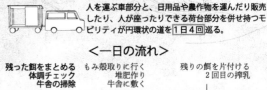

人を運ぶ車部分と、日用品や農作物を運んだり販売したり、人が座ったりできる荷台部分を併せ持つモビリティが円環状の道を 1日4回 巡る。

＜一日の流れ＞

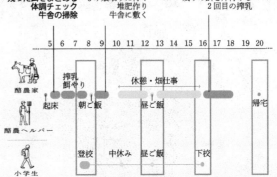

残った餌をまとめる　　もみ殻取りに行く　　残りの餌を片付ける
体調チェック　　堆肥作り　　2回目の搾乳
牛舎の掃除　　牛舎に敷く

5 6 7 8 9 10 11 12 13 14 15 16 17 18 19 20

搾乳　　休憩・畑仕事
餌やり

酪農家　　起床　　朝ご飯　　昼ご飯　　帰宅

酪農ヘルパー

小学生　　登校　　中休み　　昼ご飯　　下校

ことで、邑の人を受け入れていくたち方となる。また
人々は酪農家や邑の人の過ごし方に合わせて1日4回巡
るモビリティに乗って一日を過ごす。その中で自然と生ま
れる邑の人との関わりから、「ケアー気にかける」関係性
を生んでいく。この地を巡る生命線となるモビリティと建
築が生む「気にかける関係」が、酪農の風景を守りなが
らこの邑と酪農をこれからも持続させていくのだ。

Site1
滞在拠点 + 福祉職員事務所
邑への入り口に一番近く、邑の玄関となる。

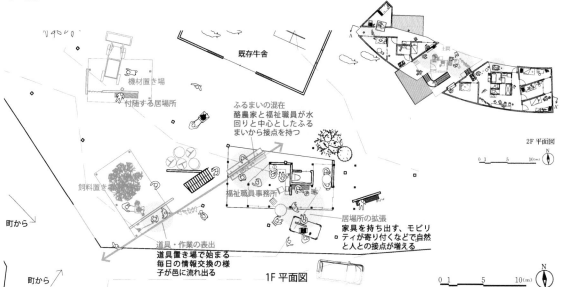

既存牛舎

機材置き場

付随する居場所

ふるまいの混在
酪農家と福祉職員が水
回りと中心としたふる
まいから接点を持つ

飼料置き場

福祉職員事務所

居場所の拡張
家具を持ち出す、モビリ
ティが寄り付くなどで自然
と人との接点が増える

町から

町から

道具・作業の表出
道具置き場で始まる
毎日の情報交換の様
子が邑に流れ出る

2F 平面図

0　1　　　　5　　　　10(m)

1F 平面図

0　1　　　　5　　　　10(m)　N

Site3
マーケット + 診療所
邑を支える生産や日々利用するマーケットと、診療所を合わせることでケアを身近なものにしていく。

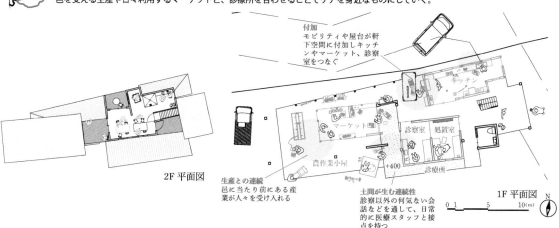

付加
モビリティや屋台が軒
下空間に付加しキッチ
ンやマーケット、診察
室をつなぐ

キッチン

マーケット

診察室　処置室

農作業小屋

+400　　診療所

2F 平面図

生産との連続
邑に当たり前にある産
業が人々を受け入れる

土間が生む連続性
診察以外の何気ない会
話などを通して、日常
的に医療スタッフと接
点を持つ

1F 平面図

0　1　　　　5　　　　10(m)　N

邑での一日

有志展の一年

6回目の開催となった2023 法政大学建築学科 卒業制作有志展。
コロナ禍が収まりつつあるなか、出展者も増加し、新たな会場を模索するなど、
メンバーたちは有志展を次のフェーズへと押し上げるべく活動を続けた。
ここではその一年の軌跡をたどる。

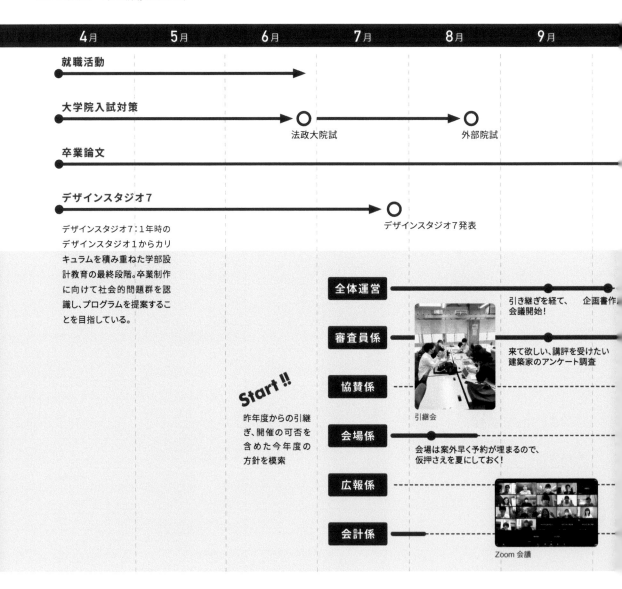

| 4月 | 5月 | 6月 | 7月 | 8月 | 9月 |

就職活動

大学院入試対策

法政大院試 　外部院試

卒業論文

デザインスタジオ7

デザインスタジオ7発表

デザインスタジオ7：1年時のデザインスタジオ1からカリキュラムを積み重ねた学部設計教育の最終段階。卒業制作に向けて社会的問題群を認識し、プログラムを提案することを目指している。

Start!!

昨年度からの引継ぎ、開催の可否を含めた今年度の方針を模索

全体運営
引き継ぎを経て、企画書作会議開始！

審査員係
来て欲しい、講評を受けたい建築家のアンケート調査

協賛係

引継会

会場係
会場は案外早く予約が埋まるので、仮押さえを夏にしておく！

広報係

会計係

Zoom 会議

報告会 2023年8月1日（火）、総合資格学院吉祥寺校で、有志展の報告会が実施された。
本会は、次年度のメンバーである新4年生も参加し、次回開催へ向けた情報共有の場ともなった。
今年度は出展者数が33名と大きく増加。それに伴い会場を変更することになったが、広報活動の時期を早めることで、来場者数は282名にのぼる大盛況となった。

10月	11月	12月	1月	2月	3月

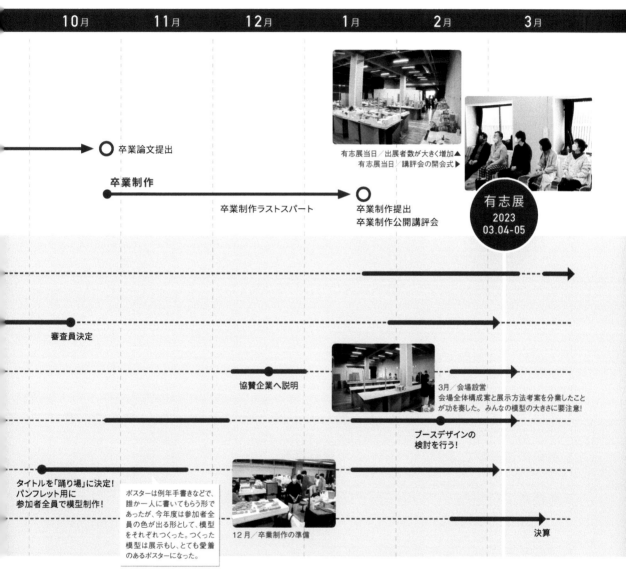

有志展当日／出展者数が大きく増加▲
有志展当日／講評会の開会式▶

有志展
2023
03.04-05

卒業論文提出

卒業制作
卒業制作ラストスパート
卒業制作提出
卒業制作公開講評会

審査員決定

協賛企業へ説明

3月／会場設営
会場全体構成案と展示方法考案を分業したこと
が功を奏した。みんなの模型の大きさに要注意！

ブースデザインの
検討を行う！

タイトルを「踊り場」に決定！
パンフレット用に
参加者全員で模型制作！

ポスターは例年手書きなどで、誰か一人に書いてもらう形であったが、今年度は参加者全員の色が出る形として、模型をそれぞれつくった。つくった模型は展示もし、とても愛着のあるポスターになった。

12月／卒業制作の準備

決算

展示会のコンセプトである「階段」の模型を出展者全員で制作し、広報のメインビジュアルに活用したことも集客力アップに貢献。また、会場は通路幅を確保して展示の見やすさを改善し、講評会後にはアフタートークを実施するなど、展示・講評会としての質も大きく向上できた。

　一方で、賞のあり方、審査方法の見直しが今後の課題。また、今年度は意匠系以外の研究室からの出展を実現したが、その枠の拡大、さらに他大学の建築学生との交流強化も改善点として挙げられた。

　本会では最後に、開催メンバーの宮澤諒さんと福田美里さんから、「これからはOBとして後輩をサポートし、この報告会の内容をもとに、より素晴らしい有志展が開催されることを期待します」と、後輩たちへ温かく心強いエールが贈られた。

総合資格 navi

2023年7月 リニューアルOPEN！

建築・土木学生 のための 建設業界総合情報サイト 全学年対象

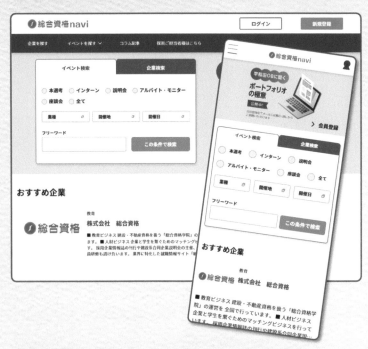

建築・土木系学生の学生生活を
**入学から卒業まで
徹底サポートします！**

登録はこちら！
▽

[**学校生活に役立つ！ 就職活動に役立つ！**]

① スカウトDMが届く
あなたを必要とする企業から直接DMが届きます。

② 選考に通過したエントリーシートが見られる
ログインすると内定者のエントリーシートが閲覧できます。

③ 業界セミナー等、イベント情報を掲載・参加予約が可能
総合資格が主催する建築学生向けセミナーなどのイベント情報をいち早く取得、
参加予約ができます。

④ 建築系企業のアルバイト募集へ応募できる
建築学生を募集しているアルバイト・モニター情報を多数掲載！
日時や対象学校区分等の条件で簡単に検索、応募できます。

⑤ インターンシップや説明会、選考へ簡単エントリー
企業情報と共に、会社説明会・インターンシップや本選考情報などを多数掲載！
気になる企業イベントに対し、簡単に情報が入手でき、エントリーも可能です。

⑥ 建設業界のイマ情報が得られる
全国の建築学校の取組みや建設業種ガイド、模型製作のノウハウなど
建設業界の知識が深まる情報を多数掲載。

 総合資格 navi 運営事務局 ［E-mail］navi-info@shikaku.co.jp

総合資格学院の本

試験対策書

建築関係法令集 法令編
建築士試験対策
定価：1,999円
判型：B5判

建築関係法令集 法令編S
建築士試験対策
定価：1,999円
判型：A5判

建築関係法令集 告示編
建築士試験対策
定価：1,999円
判型：B5判

学科 ポイント整理と確認問題
1級建築士学科試験対策
定価：3,850円
判型：A5判

学科 厳選問題集 500＋125
1級建築士学科試験対策
定価：3,850円
判型：A5判

学科 過去問スーパー7
1級建築士学科試験対策
定価：3,850円
判型：A5判

学科 ポイント整理と確認問題
2級建築士学科試験対策
定価：3,630円
判型：A5判

学科 厳選問題集 500＋100
2級建築士学科試験対策
定価：3,630円
判型：A5判

学科 過去問スーパー7
2級建築士学科試験対策
定価：3,630円
判型：A5判

設計製図テキスト
2級建築士設計製図試験対策
定価：4,180円
判型：A4判

設計製図課題集
2級建築士設計製図試験対策
定価：3,300円
判型：A4判

必勝合格宅建士テキスト
宅建士試験対策
定価：3,080円
判型：A5判

必勝合格宅建士過去問題集
宅建士試験対策
定価：2,750円
判型：A5判

必勝合格宅建士オリジナル問題集
宅建士試験対策
定価：2,200円
判型：四六判

必勝合格宅建士直前予想模試
宅建士試験対策
定価：1,650円
判型：B5判

第一次検定問題解説
1級建築施工管理技士
定価：2,750円
判型：A5判

第一次検定・第二次検定問題解説
2級建築施工管理技士
定価：1,870円
判型：A5判

第一次検定テキスト
2級建築施工管理技士
定価：2,420円
判型：A5判

第一次検定問題解説
1級管工事施工管理技士
定価：2,970円
判型：B5判

建築模型で学ぶ！木造軸組構法の基本
定価：7,700円
判型：A4判変形

設計展作品集 & 建築関係書籍

建築新人戦オフィシャルブック
定価：1,980円
判型：A4判

建築学縁祭オフィシャルブック
定価：1,980円
判型：B5判

JUTAKU KADAI 住宅課題賞
定価：2,420円
判型：B5判

Diploma×KYOTO
定価：2,200円
判型：B5判

歴史的空間再編コンペティション
定価：1,980円
判型：B5判

DESIGN REVIEW
定価：2,200円
判型：B5判

NAGOYA Archi Fes
定価：1,980円
判型：B5判

卒、全国合同建築卒業設計展
定価：1,650円
判型：B5判

JIA 関東甲信越支部大学院修士設計展
定価：1,980円
判型：A4判

赤れんが卒業設計展
定価：1,980円
判型：B5判

みんなこれからの建築をつくろう
定価：3,080円
判型：B5判

構造デザインマップ 東京
定価：2,090円
判型：B5判変形

構造デザインマップ 関西
定価：2,090円
判型：B5判変形

環境デザインマップ 日本
定価：2,090円
判型：B5判変形

STRUCTURAL DESIGN MAP TOKYO
定価：2,090円
判型：A5判変形

※すべて税込価格となります

お問い合わせ
総合資格学院 出版局
[URL] https://www.shikaku-books.jp/
[TEL] 03-3340-6714

他の追随を許さない唯一無二の「講習システム」と「合格実績」

令和4年度 **1級建築士** 学科・設計製図試験

［令和4年度 学科＋設計製図］
全国ストレート
合格者占有率 **No.1** **57.9%**

全国ストレート合格者 **1,468**名中 ／ 当学院当年度受講生 **850**名

他講習利用者＋独学者／当学院当年度受講生

令和4年度 **1級建築士** 設計製図試験 卒業学校別実績（合格者数上位10校）

右記学校卒業生
当学院占有率
58.1%
右記学校出身合格者 807名中／
当学院当年度受講生 469名

	学校名	卒業合格者数	当学院受講者数	当学院占有率		学校名	卒業合格者数	当学院受講者数	当学院占有率
1	日本大学	149	91	61.1%	6	工学院大学	63	48	76.2%
2	東京理科大学	123	67	54.5%	7	明治大学	60	34	56.7%
3	芝浦工業大学	96	62	64.6%	8	法政大学	56	33	58.9%
4	早稲田大学	79	36	45.6%	9	神戸大学	55	28	50.9%
5	近畿大学	74	46	62.2%	10	千葉大学	52	24	46.2%

 総合資格学院

東京都新宿区
西新宿1-26-2
新宿野村ビル22階
TEL.03-3340-2810

スクールサイト
www.shikaku.co.jp 総合資格 検索

コーポレートサイト
www.sogoshikaku.co.jp

令和4年度
2級建築士 学科試験

当学院基準達成
当年度受講生
合格率

全国合格率
42.8%に対して

95.0%

8割出席・8割宿題提出・総合模擬試験正答率6割達成
当年度受講生498名中／合格者473名〈令和4年8月23日現在〉

令和5年度
1級建築施工管理技術検定 第一次検定

当学院基準達成
当年度受講生
合格率

全国合格率
41.6%に対して

90.6%

8割出席・8割宿題提出
当年度受講生255名中／合格者231名〈令和5年7月14日現在〉

2023

法政大学建築学科

卒業制作有志展

HOSEI University

Graduation Works

Exhibitions

発 行 日	2023年9月11日
編 著	2023 法政大学建築学科卒業制作有志展 学生一同
発 行 人	岸 和子
発 行 元	株式会社 総合資格 総合資格学院
	〒163-0557 東京都新宿区西新宿1-26-2 新宿野村ビル22F
	TEL 03-3340-6714 (出版局)
	株式会社 総合資格 ………… http://www.sogoshikaku.co.jp/
	総合資格学院 ……………… https://www.shikaku.co.jp/
	総合資格学院 出版サイト …… https://www.shikaku-books.jp/
編 集	株式会社 総合資格 出版局(梶田悠月)
表紙デザイン	2023 法政大学建築学科卒業制作有志展 学生一同
デザイン	株式会社 総合資格 出版局(三宅 崇)
写 真	法政大学(宮澤 諒)、株式会社 総合資格 出版局
印 刷	小野高速印刷 株式会社

ISBN 978-4-86417-495-4
Printed in Japan